Das Disziplinarrecht in Bayern

Von

Dr. Otto Moerner

in München

Nürnberg und Leipzig

Verlag von U. E. Sebald

1910

Das Disziplinarrecht in Bayern

Von

Dr. Otto Moerner

in München

Nürnberg und Leipzig

Verlag von U. E. Sebald

U. E. Sebald, Kgl. Bayer. Hofbuchdruckerei, Nürnberg.

Inhaltsverzeichnis.

IV. Abschnitt.

Das Verfahren in Disziplinarstrafsachen.

I. Allgemeine Lehren.

II. Der Gang des Verfahrens.

Anhang.

Literatur.

Arndt, Staatsrecht des Deutschen Reichs, Berlin 1901 Seite 653 f. — v. Bar, Handbuch des deutschen Strafrechtes, Band I Seite 352 ff. — Binding, Grundriß zu Vorlesungen über gemeines deutsches Strafrecht, 3. Auflage Seite 83 ff. — v. Birkmeyer, Lehrbuch des Strafprozeßrechtes. — v. Birkmeyer, Enzyklopädie, 2. Auflage § 52. — Bluntschli, Die Lehre vom modernen Staat, 5. Auflage Band I Seite 624 ff. — Bornhak, Preußisches Staatsrecht, Band II Seite 61 ff., 65. — Brand, Das Reichsbeamtengesetz vom 31. März 1873, nebst Erläuterungen und Ergänzungen, Berlin 1902. — Buddeus in Weiskes Rechtslexikon, Band I Seite 220 ff., 759; Band III Seite 446. — Bülau, Artikel „Disziplinarvergehen und Disziplinarstrafen" in Bluntschli-Brater, Staatswörterbuch, Band III Seite 134 ff. — Delius, Handbuch des Rechtshilfeverfahrens im Deutschen Reich, 2. Auflage, Erlangen 1905, Seite 89. — Dochow, Der Zeugniszwang, 1877, Seite 58. — Dollmann, Artikel „Amtsverbrechen und Amtsvergehen" in Bluntschli-Brater, Staatswörterbuch, Band I Seite 219 ff. — Feuerbach, Lehrbuch des peinlichen Rechtes, 14. Auflage, 1847, zu § 477. — Gaupp, Das Staatsrecht des Königreiches Württemberg in Marquardsens Handbuch, Band III, 2. Abteilung, Seite 96 ff., 149 ff. — Grandke, Das Reichsbeamtengesetz vom 31. März 1873, Berlin 1873. — Grotefend, Das Staatsrecht des Norddeutschen Bundes 1869, Seite 711 ff. — Hälschner, Das gemeine deutsche Strafrecht, Bonn 1887, Band II Seite 1014 ff. — Hänel, Staatsrecht, Band I (1892) Seite 456 ff. — Harseim in v. Stengels Wörterbuch des deutschen Verwaltungsrechtes, Freiburg 1890, Band I Seite 267 ff. — Hecker, Über die Grenzen des Kriminal- und Disziplinarstrafrechtes, „Gerichtssaal" 1879, Band XXXI Seite 481. — Heffter im Neuen Archiv des Kriminalrechts, Band XIII, 1832, Seite 48 ff. — Jellinek, System der subjektiven öffentlichen Rechte, 1892, Seite 168 ff., 203 ff. — John, Strafprozeßordnung 1884, Band I Seite 82. — Kanngießer, Das Recht der deutschen Reichsbeamten, Gesetz vom 31. März 1873 erläutert, Berlin 1874. — v. Kirchenheim, Lehrbuch des Staatsrechts, Seite 219 ff. — Kletke, Die Rechtsverhältnisse der Reichsbeamten, 2. Auflage, Berlin 1876. — Köstlin, System des Strafrechtes, Band I Seite 66. — Köstlin, in der deutschen Vierteljahrsschrift 1853 Seite 103 ff. — Laband in Marquardsens Handbuch, Band II 1. Abteilung Seite 65 f. — Laband, Staatsrecht, 4. Auflage, Tübingen und Leipzig 1901, Band I Seite 440, Band III Seite 338 f., 466 ff. — Labes, Die Disziplinargewalt des Staates über seine Beamten, in den „Annalen des Deutschen Reichs" 1889, Seite 213 ff., insbes. Seite 257. — v. Lilienthal in Holtzendorfs Rechtslexikon, 3. Auflage, Leipzig 1881, Band III Seite 1428 f. — v. Liszt, Lehrbuch des deutschen Strafrechts, 16. und 17. Auflage, Berlin 1908, Seite 249 f.

— v. Liszt in Holtzendorfs Rechtslexikon, 3. Auflage, Leipzig 1881, Band II Seite 969 f. — Löning, Lehrbuch des deutschen Verwaltungsrechts, Leipzig 1884, Seite 127 ff. — Löwe, Kommentar zur Strafprozeßordnung. — Luder, Handbuch des Strafrechts, 1842, Band I Seite 223. — Maurenbrecher, Grundsätze des heutigen deutschen Staatsrechtes, 1837, § 162. — Mayer, Max Theodor, Das Bayerische Disziplinargesetz für richterliche Beamte vom 26. März 1881, Nördlingen 1881. — Mayer, Otto, Die Lehre vom öffentlichrechtlichen Vertrag im „Archiv für öffentliches Recht", Band II Seite 1 ff. — Mayer Otto, Verwaltungsrecht 1896, Band II Seite 195 ff. — Meisterlin, Die Verhältnisse der Staatsdiener nach rechtlichen Grundsätzen, 1838, Seite 60 ff. — Merkel, Lehrbuch des deutschen Strafrechtes, 1889, Seite 410 ff. — Meves in Holtzendorfs Handbuch des deutschen Strafrechtes, Band III Seite 939 ff. — G. Meyer, Lehrbuch des deutschen Staatsrechts, Leipzig 1905, Seite 517 ff., insbes. Seite 518 Note 4. — G. Meyer in den „Annalen des Deutschen Reiches", 1876, Seite 672 ff. — Hugo Meyer, Lehrbuch des deutschen Strafrechtes, 5. Auflage, Leipzig 1895, Seite 678. — Mittermaier, Deutsches Strafverfahren, Band I Seite 23. — Oppenheim, Rechtsbeugungsverbrechen, Leipzig 1886, Seite 5 ff., 14 ff. — Perels und Spilling, Das Reichsbeamtengesetz, 2. Auflage, 1906. — Perthes, Der Staatsdienst in Preußen 1838, Seite 122. — Pfeiffer, Praktische Ausführungen aus allen Teilen der Rechtswissenschaft, 1831, Band III Seite 401. — Pieper, Das Reichsbeamtengesetz vom 31. März 1873 und seine Ergänzungen, 2. Auflage, Berlin 1901. — v. Pözl, Lehrbuch des bayerischen Verfassungsrechtes, 5. Auflage, München 1877, Seite 490 ff. — v. Pözl, Artikel „Amt" in Bluntschli-Brater, Staatswörterbuch, Band I Seite 218, Artikel „Staatsdienst" daselbst, Band IX Seite 686 ff. — Preger im „Archiv für öffentliches Recht" 1892, Band VII Seite 365 ff., 399. — Rehm, Die rechtliche Natur des Staatsdienstes in den „Annalen des Deutschen Reichs", 1885, Seite 190 ff. — Reindl, Kommentar zum bayerischen Beamtengesetz, 1. Lieferung, München 1909. — v. Rönne, Das Staatsrecht der preußischen Monarchie, 5. Auflage, Leipzig 1899, Band I Seite 469 Note 6. — v. Sarwey, Württembergisches Staatsrecht, Band II § 118. — Schaper in Holtzendorfs Rechtslexikon, 1. Auflage, Artikel „Disziplinarstrafen", Seite 276. — Schletter, Artikel „Strafe" in Weiskes Rechtslexikon, Band X Seite 586. — Schmitthenner, Grundlinien des allgemeinen oder idealen Staatsrechtes, 1847, Seite 515. — Schütze, Lehrbuch des Strafrechts, § 105. — Schütze, Artikel „Amtsverbrechen" in Holtzendorfs Rechtslexikon, 3. Auflage, Band I Seite 87 ff. — Schulze, Lehrbuch des deutschen Staatsrechts, Leipzig 1881, Band I. — Schwenken, Die Amtsvergehen 1848, Seite 15. — H. Seuffert, Das besondere Strafrecht der Beamten und die Disziplinarstrafgewalt in der „Strafgesetzgebung der Gegenwart", Berlin 1894, Band I Seite 67. — H. Seuffert, Artikel „Amtsverbrechen, Amtsvergehen" in v. Stengels Wörterbuch des deutschen Verwaltungsrechtes, Freiburg 1890, Band I Seite 47 f. — v. Seydel, Bayerisches Staatsrecht, 2. Auflage, 1896, Band II Seite 478 ff. — v. Seydel, Das Staatsrecht des Königreichs Bayern in Marquardsens Handbuch, Band III, 2. Abteilung, Seite 96 ff. — F. Seydel, Preußisches Gesetz vom 21. Juli 1852, betr. die Dienstvergehen der nichtrichterlichen Beamten, 2. Aufl., Berlin 1894. — Spahn, Artikel „Amtsverbrechen und Amtsvergehen" in Bachems Staatslexikon, 3. Auflage, Freiburg 1908, Seite 211. — Freiherr v. Stengel, Die Verfassungsurkunde des Königreichs Bayern, Würzburg 1893, Seite 207 f. — Stenglein, Kommentar zur Strafprozeßordnung. — Streich, Das Württembergische Beamtengesetz vom 28. Juni 1876, Stuttgart 1876. — Thilo, Die preußische Disziplinargesetzgebung, Berlin 1864. — Thudichum, Das Reichsbeamtenrecht in den „Annalen des Deutschen Reichs" 1876, Seite 265 ff. — Turnau, Das Reichsbeamtengesetz vom 31. März 1873, 2. Auflage, Berlin und Leipzig 1886. — v. Ullmann, Lehrbuch des Strafprozeßrechtes. — Wachinger in der „Vergleichenden Darstellung des deutschen und ausländischen Strafrechts", besonderer Teil, Band IX, Berlin 1906, Seite 193 ff. — Wahlberg in Holtzendorfs Handbuch des Strafrechts, Band I Seite 337. — Weber, Gesetz- und Verordnungensammlung, Anhangband, 1892—1894, Seite 688 ff. — Weiß, System des deutschen Staatsrechtes 1843, Seite 803. — Woerner, Die vorläufige Dienstenthebung nach dem bayerischen Beamtenrecht in den „Blättern für Rechtsanwendung" 1909, Seite 679 ff. — Zachariae, Deutsches Staats- und Bundesrecht, 3. Auflage, 1865—67, 2. Teil Seite 44 ff. — v. Zedlitz-Neukirch, Die Rechtsverhältnisse der Reichsbeamten, Berlin 1874. — Zorn, Das Staatsrecht des Deutschen Reichs, 2. Auflage, Berlin 1895, Band I Seite 328 ff.

Materialien des bayerischen Beamtengesetzes: Entwurf mit Begründung. — Referat (Abgeordneter Held). — Korreferat (Abgeordneter Giessen). — Ausschußbericht vom 14. Juli 1908. — Plenarberatung vom 17. Juli 1909 (Stenographische Berichte, Band VI Seite 219 ff. — Kammer der Reichsräte: Referat und Korreferat (Freiherr von Soden-Fraunhofen und Haas). — Ausschußprotokolle vom 1. und 3. August 1908. Beilagenband 3 Seite 296 ff.). — Plenarberatung (Stenographische Berichte, Band 1 Seite 564 ff.).

Entwurf des Richterdisziplinargesetzes: Verhandlungen der Kammer der Abgeordneten 1879/80, Beilagen-Band IX Seite 579 ff. — Ausschußbericht hierüber: Verhandlungen der Kammer der Abgeordneten 1879/80 Beilagen-Band X Seite 193.

Motive zum Reichsbeamtengesetz: Stenographische Berichte über die Verhandlungen des Reichstags, I. Legislaturperiode, III. Session 1872, III. Band, Anlagen Seite 60 ff.

Bekanntmachung vom 22. Oktober 1909, die Dienstaufsicht und das Dienststrafrecht für nichtrichterliche Beamte betreffend (GVBl. Seite 737. Diese Bekanntmachung wurde nur insoweit berücksichtigt, als ihren Vorschriften größere Bedeutung zukommt.

I. Abschnitt.

Allgemeines.

§ 1.

Geschichte des bayerischen Disziplinarrechtes.

Vgl. Seydel, Staatsrecht, 2. Auflage, Band 2 Seite 275 ff. — Denkschrift zur Frage der Neuregelung der Dienst-, Gehalts- und Pensionsverhältnisse der Staatsbeamten und Staatsbediensteten, §§ 5, 6 Ziffer 3, § 7, Ziffer 4. — Begründung Seite 180 ff.

Erst mit dem Aufkommen des modernen Beamtentums konnte sich ein Beamtendisziplinarrecht im heutigen Sinn entwickeln. Vorher konnte der Beamte jederzeit ohne weiteres von seinem Auftraggeber entlassen werden; der Beamte war der Willkür seines Herrn preisgegeben. Überdies waren besonders schwere Pflichtverletzungen noch unter Kriminalstrafe gestellt. Wozu hätte man damals eines Disziplinarrechtes bedurft?

Die Staatsdienerpragmatik vom 1. Januar 1805 räumte dem Beamten bedeutende Rechte ein; das Staatsdienerverhältnis wurde mit den weitestgehenden Garantien umgeben, so daß, wie Seydel a. a. O. sagt, „wenn früher der Diener gegenüber der Willkür des Herrn keinen Schutz besessen hatte, nunmehr der Herr gegenüber dem Diener wehrlos dastand." Der Standesgehalt des Beamten war unter gesetzliche Gewährleistung gestellt und Kassation konnte nach Artikel VIII nur „aus der Kraft des Urteilsspruchs eines Justizkollegiums erfolgen". Die notdürftigen Bestimmungen des Kriminalrechtes über Pflichtverletzungen der Beamten aus der Zeit, da der Beamte willkürlich entlaßbar war, blieben ohne Ergänzung bestehen.

Dieser Rechtszustand konnte nicht befriedigen. Das Strafgesetzbuch von 1813 erweiterte den Kreis der Amtsdelikte und kannte Dienstentsetzung, Dienstentlassung und Degradation als Kriminalstrafen. Auch damit war nicht viel gewonnen.

Es folgte die Verfassungsurkunde vom 26. Mai 1818, die in ihrer IX. Beilage die Rechtsverhältnisse der Staatsdiener regelte. Auch dieses Recht entsprach dem Bedürfnis nicht; „denn wo gegen pflichtvergessene Staatsdiener nicht unmittelbar auf Grund des Strafgesetzbuchs vorgegangen werden konnte, war der Weg des Einschreitens, wie ihn die Verfassungsurkunde vorzeichnete, von so unendlicher Länge, daß er niemals zum Ziel führte" (Seydel Seite 278).

Im Jahre 1849 wurde mit Rücksicht auf die schlechten Erfahrungen, die man namentlich den Richtern gegenüber mit der Anwendung der IX. Verfassungsbeilage gemacht hatte, dem Landtag der Entwurf eines „Gesetzes, Dienstverhältnis und Disziplinarübertretungen der gerichtlichen Beamten betr.", vorgelegt; hienach sollten insbesondere Richtern gegenüber Geldstrafen, Strafversetzung und Dienstentlassung nur durch Urteil des vorgesetzten Kollegialgerichts, gegen Mitglieder des Oberlandesgerichts nur durch Urteil des Plenums desselben verhängt werden können. Gegen die Urteile der unteren Gerichte war Berufung und Nichtigkeitsbeschwerde zugelassen. Für die Dienstentlassung der Staatsanwälte war ein besonderer Gerichtshof, bestehend aus dem Justizminister, dem Obersten Staatsanwalt, dem Präsidenten und den beiden Direktoren des Oberlandesgerichts, zuständig. Die Kammer der Reichsräte hatte diesen Entwurf angenommen und um Vorlage eines allgemeinen Disziplinargesetzes gebeten. Wegen Schließung des Landtags konnte der Entwurf in der Abgeordnetenkammer nicht mehr beraten werden.

Schon im Jahre 1851 hat die Regierung dem Landtag den Entwurf eines „Disziplinargesetzes bezüglich der Staatsdiener" vorgelegt, dessen Bestimmungen sich auf alle pragmatischen Beamten und das pragmatisch angestellte Kanzlei- und Dienerpersonal erstreckten. Der Entwurf sah als Disziplinarstrafen vor: Verweis, Geldbuße bis zum Betrag des einmonatigen Gehalts, Strafversetzung, Haus- oder Zivilarrest von 24 Stunden bis zu 8 Tagen, Suspension vom Dienst und Gehalt bis zu einem Jahr, Dienstentlassung mit Verlust des Gehalts; die letzteren vier sollten nur durch gerichtliches Urteil verhängt werden können. Erste Instanz für nichtrichterliche Beamte sollte ein am Sitz jeder Kreisregierung zu bildender Gerichtshof (Vorstand der Kreisregierung, 2 Räte des Kreisgerichts, 2 Verwaltungsbeamte), zweite Instanz ein Gerichtshof in München (Staatsminister oder Staatsrat, 3 Räte des Oberlandesgerichts, 3 Verwaltungsbeamte), für Richter erste Instanz ein Senat des Kreisgerichts (5 Mitglieder), zweite Instanz ein Senat des Oberlandesgerichts (7 Mitglieder) sein. Die obligatorische Voruntersuchung sollte durch einen Beamten geführt, die Einleitung des Verfahrens durch den Minister verfügt werden; die Verhandlung sollte nicht öffentlich sein. Die Abgeordnetenkammer schied die Richter aus den Disziplinargerichten für Verwaltungsbeamte aus. Der Entwurf scheiterte daran, daß er in der Abgeordnetenkammer die für Verfassungsänderungen vorgeschriebene Majorität nicht fand.

Eine Ministerialentschließung, die Disziplin der Staatsdiener betreffend, vom 28. Oktober 1852 (W e b e r IV 548 f.) wies sodann darauf hin, daß, „während über die Unzulänglichkeit der bestehenden Gesetzgebung geklagt wird, nicht einmal die geltenden Gesetze zum unbedingten Vollzug gelangen"; es wurde weiterhin eine strengere Handhabung der Beamtendisziplin angeordnet. Auch diese Weisung scheint nicht den erhofften Erfolg gehabt zu haben; denn schon im Dezember 1853 wurde dem Landtag neuerdings ein Entwurf eines „Disziplinargesetzes bezüglich der Staatsdiener" vorgelegt, der sich an den Entwurf von 1851 anschloß. Strafversetzung fehlte unter den Strafen. Gerichte I. Instanz waren die Disziplinarhöfe am Sitze der Appellationsgerichte (Vorstand und 2 Mitglieder des Appellationsgerichts, 2 auf je 3 Jahre zu ernennende Beamte; bei Richtern: Vorstand und 4 Mitglieder des Appellationsgerichts), II. und in manchen Fällen einzige Instanz der Oberdizisplinarhof (Vorstand und 3 Räte des Obersten Gerichtshofs, 3 höhere Verwaltungsbeamte; bei Richtern: Vorstand und 6 Räte des Obersten Gerichtshofs). Der Entwurf kam im Landtag überhaupt nicht zur Beratung.

Da sonach die Schaffung eines neuen Disziplinarrechts vorläufig mißlungen war, mußte es nur erwünscht sein, daß das bayerische Strafgesetzbuch vom 10. November 1861 die Amtspflichtverletzung in sehr ausgedehntem Maß unter Kriminalstrafe ellte. Dadurch konnte jedoch der Wunsch nach einem Disziplinargesetz nicht unterdrückt werden. Auf eine Bitte des Landtags hin beauftragte § 39 des Landtagsabschieds vom 29. April 1869 die Zivilstaatsministerien, „die Einleitungen zur Ausarbeitung eines Disziplinargesetzes in Bezug auf die IX. Verfassungsbeilage alsbald eintreten zu lassen."

Nicht lange darnach trat in Bayern das Reichsstrafgesetzbuch in Kraft, das das bayerische Strafgesetzbuch von 1861 aufhob und dadurch die Zahl der kriminellen Amtsdelikte ganz bedeutend verringerte. Eine Reihe von bisherigen Amtsdelikten, die im Reichsstrafgesetzbuch nicht Aufnahme gefunden hatten, wurden nun zu Disziplinarvergehen gestempelt und als solche in das Vollzugsgesetz zum StGB. vom 26. Dezember

1871 übernommen und später unverändert in das AGzStPO. vom 18. August 1879 übertragen. Von einem System des Disziplinarrechtes konnte unter diesen Umständen keine Rede sein.

Einen neuerlichen Anstoß zur Reform des Disziplinarrechtes boten die Reichsjustizgesetze. § 8 GVG. spricht aus, daß Richter wider ihren Willen nur kraft Richterspruchs aus gesetzlichen Gründen und in gesetzlichen Formen des Amtes enthoben oder auf eine andere Stelle oder in den Ruhestand versetzt werden können Diese Vorschrift sollte jedoch nach § 13 EGzGVG. in den Staaten, wo derartige Bestimmungen noch nicht bestünden, nur gleichzeitig mit der landesgesetzlichen Regelung der Disziplinarverhältnisse der Richter in Kraft treten.

Sollten daher die Vorteile des § 8 GVG. den bayerischen Richtern zu gute kommen, so mußte ein Disziplinargesetz geschaffen werden. Die Regierung beschränkte sich jedoch nicht auf die Regelung der Disziplinarverhältnisse der Richter, sondern legte im Jahre 1879 den Entwurf eines „Gesetzes, die Disziplin der Königlichen Staatsbeamten betreffend" vor. Hienach waren als Dienststrafen vorgesehen: Verweis, Geldstrafe bis zum Betrag des einmonatigen Gehalts, Strafversetzung und Dienstentlassung; auf die beiden letzteren sollte nur im förmlichen Disziplinarverfahren mit schriftlicher Voruntersuchung und mündlicher Hauptverhandlung erkannt werden dürfen. Die Einleitung des Verfahrens, die Ernennung des Untersuchungsbeamten und die Entscheidung über die Eröffnung des Hauptverfahrens sollte dem Ressortminister zustehen. Disziplinargerichte I. Instanz sollten die Disziplinarkammern in München und Würzburg (Regierungspräsident und 4 Verwaltungsbeamte), II. Instanz der Disziplinarhof in München (Präsident des Verwaltungsgerichtshofs, 4 Räte des Verwaltungsgerichtshofs, 2 Beamte aus dem Ressort des Ministeriums, dem der Angeschuldigte untersteht) sein. Auf das Verfahren sollte die StPO. analoge Anwendung finden. Für die Richter waren besondere Bestimmungen vorgesehen, die im großen ganzen dem heutigen Richterdisziplinargesetz entsprechen. Da der Entwurf lebhaft bekämpft wurde, zog ihn die Regierung zurück.

Kurz darauf legte die Regierung dem Landtag den Entwurf eines „Disziplinargesetzes für richterliche Beamte" vor, der schließlich am 26. März 1881 Gesetz wurde. Seine Bestimmungen entsprechen im allgemeinen dem heutigen Richterdisziplinargesetz.

Vor dem Inkrafttreten des Beamtengesetzes war sonach der Rechtszustand ein komplizierter. Für die Richter galt ein modernes Disziplinarrecht, das dem des Reichs und der anderen Bundesstaaten ähnlich war; die Verwaltungsbeamten waren dagegen einem veralteten Disziplinarrecht unterworfen, das teils auf der IX. Verfassungsbeilage, teils auf dem AGzStPO. beruhte. Die Grundzüge dieses Rechtes waren folgende:

Disziplinarstrafen sind Verweis, Geldbuße von 9—90 Mk., Haus- und Zivilarrest von 24 Stunden bis 8 Tagen. Diese Strafen können als einfache Disziplinarstrafen ohne Zusatz oder als geschärfte Disziplinarstrafen mit dem Beifügen verhängt werden, daß die Strafe die 1., 2. oder 3. sei, die zur Stellung vor Gericht führe. Zunächst sollen bei Verfehlungen Ermahnungen und Warnungen, dann die gelinderen Strafmittel und erst zuletzt die geschärften Strafen und auch diese nur im Wechsel mit einfachen Strafen eintreten. Die Disziplinarstrafen werden von den Dienstbehörden, die 3. geschärfte Disziplinarstrafe von dem Ministerium verhängt. Bei der Verhängung der 2. und 3. geschärften Dienststrafe ist schriftliche Vernehmung des Beschuldigten und kollegiale Beratung erforderlich. Gegen die Strafverfügung ist Beschwerde im Instanzenzug, die, wenn ein Ministerium entschieden hat, an den Staatsrat führt, zulässig. Hat der Beamte die 3. geschärfte Disziplinarstrafe erlitten, so kann er bei abermaliger Pflichtverletzung vor Gericht gestellt werden. Ein Beamter, der wegen Fahrlässigkeit, Unfleiß, Leichtsinn oder Unsittlichkeit bereits eine dreimalige Disziplinarbestrafung erlitten hat, kann bei neuerlicher Pflichtverletzung solcher Art vom Gericht disziplinär mit Geld bis zu 600 Mark bestraft und zugleich seines Amtes für verlustig erklärt werden.

Ein solches Disziplinarrecht konnte heute nicht mehr genügen. Es mußte der Weg eingeschlagen werden, den die Rechtsentwickelung gewiesen hatte, die Annäherung an das bewährte Disziplinarrecht des Reichs und der anderen Bundesstaaten.

§ 2.

Die rechtliche Natur des Disziplinarrechtes.

Die rechtliche Natur des Disziplinarrechtes war von jeher sehr bestritten. Theorie und Gesetzgebung waren sich anfangs hierüber völlig unklar. In den älteren Gesetzen gingen zivilrechtliche, strafrechtliche und disziplinäre Bestimmungen nebeneinander her. Eine reinliche Scheidung zwischen Kriminal- und Disziplinarrecht war dem älteren Recht fremd. Strafen, die unstreitig in das Disziplinarrecht gehören, wurden als Kriminalstrafen verhängt; Verfehlungen, die ausschließlich den Dienst betreffen, wurden mit Kriminalstrafe geahndet.

Die Erkenntnis von der grundsätzlichen Verschiedenheit des Kriminal- und Disziplinarrechtes hat sich zuerst in der Gesetzgebung, dann erst allmählich in der Theorie Bahn gebrochen. Die zur Staatsratskommission einberufenen rheinischen Juristen hatten erkannt, daß Strafverfolgung und Disziplinarverfolgung zwei nebeneinander hergehende Wege seien, um zu zwei verschiedenen Zielen zu gelangen, und daß die eine nicht durch die andere ausgeschlossen werde. Dieser Gedanke ging in die preußischen Verordnungen vom 10. und 11. August 1849 über, auf denen die Disziplinargesetze von 1851 und 1852 beruhen (W a ch i n g e r Seite 204 ff.). Diese Gesetze dienten aber dem Reichsbeamtengesetz und dieses wiederum dem bayerischen Beamtengesetz als Vorbild.

Will man zur richtigen Erkenntnis der rechtlichen Natur des Disziplinarrechtes gelangen, so muß man von der L a b a n d schen Unterscheidung von Amt und Dienstverhältnis ausgehen. Nach ihm ist das Staatsamt ein Inbegriff von staatlichen Geschäften, Dienstverhältnis das auf dem Staatsdienstvertrag beruhende Verhältnis des Beamten zum Staat. Beide Begriffe treffen vielfach in dem Beamten zusammen, doch ist dies keineswegs notwendig. Beispielsweise ist die Funktion des Schöffen oder Geschworenen ein Amt; sie sind aber als solche nicht Beamte. Anderseits kann jemand sehr wohl in einem Dienstverhältnis zum Staat stehen, ohne ein Amt auszuüben, z. B. ein Beamter, der zur Disposition gestellt, beurlaubt oder suspendiert ist. Dieser Unterschied zwischen Amt und Dienstverhältnis ist auch in Artikel 1 BG. festgehalten; denn für den Begriff des Beamten nach bayerischem Staatsrecht ist zwar das Bestehen eines Dienstverhältnisses, nicht aber das Bekleiden eines Amtes Voraussetzung.

Die Pflichten, welche sich aus der Führung des Amtes ergeben, nämlich die Pflicht zur gesetzmäßigen Amtsführung, nenne ich im folgenden im Anschluß an W a ch i n g e r S. 285 „Amtspflicht", den Inbegriff der Pflichten, die auf dem Staatsdienstverhältnis beruhen (Pflicht zur gewissen Führung des etwa übertragenen Amtes, Treue- und Gehorsamspflicht, Pflicht zur Beobachtung eines würdigen Verhaltens in und außer dem Amt), dagegen „Dienstpflicht".

An die Verletzung dieser beiden Gruppen von Pflichten knüpfen sich Rechtsfolgen verschiedener Art. Die Verletzung der Amtspflicht stellt einen gesetzwidrigen Mißbrauch übertragener amtlicher Befugnisse dar. Dieses Verbrechen richtet sich unmittelbar gegen die Rechtsordnung, gegen das Interesse des Staates und der Gesellschaft an der gesetzmäßigen Ausübung der Amtsgewalt und muß daher als Amtsverbrechen im Kriminalrechtsweg verfolgt werden. Die Verletzung der Dienstpflicht richtet sich dagegen nicht unmittelbar gegen die allgemeine Rechtsordnung, sondern nur gegen die Dienstordnung, nicht gegen den Staat als Hüter der Rechtsordnung, sondern gegen den Staat als Dienstherrn, gegen das Interesse des Staates als Dienstherrn an der ordnungsmäßigen Erfüllung der Dienstesobliegenheiten und an der Wahrung des Ansehens der Repräsentanten des Staates; sie ist daher kein kriminelles Delikt, kein Amtsverbrechen und darf deswegen nicht mit Kriminalstrafe und im Kriminalverfahren durch Kriminalgerichte geahndet werden: sie stellt vielmehr ein Dienstvergehen dar, das in einem besonderen Verfahren, dem Dienststrafverfahren zu verfolgen ist.

Während also das Recht auf Kriminalstrafe ein dem Staat als Inhaber des Imperiums zustehender Rechtsanspruch wegen Verletzung des Gewaltverhältnisses ist, stellt sich das Recht auf Disziplinarstrafe als ein dem Staat als Inhaber der Dienstgewalt zustehender Anspruch wegen Verletzung des Dienstverhältnisses dar.

Der Staat bedarf wie jedes größere Privatunternehmen Personen zur Besorgung bestimmter Geschäfte. Dies sind die Staatsbeamten; ihnen stehen die sogenannten Privatbeamten gegenüber. Beide haben einen bestimmten Pflichtenkreis zugewiesen erhalten; soll aber die Auferlegung von Pflichten praktische Bedeutung haben, so muß ihre Erfüllung unter gewissen Garantien stehen. Diese Garantien bestehen beim Privatdienstverhältnis darin, daß der sogenannte Privatbeamte im Falle der Pflichtverletzung eine etwaige Konventionalstrafe verwirkt, sowie ordentliche oder außerordentliche Kündigung des Dienstverhältnisses gewärtigen muß. Auch der Staat braucht solche Mittel; sie sind den unwiderruflichen Beamten gegenüber in den Dienststrafen gegeben. Die Mittel, die dem Privatunternehmer gegen den sogenannten Privatbeamten zustehen, stützen sich auf den privatrechtlichen Dienstvertrag und das ihm ergänzende Privatrecht; die Mittel, die dem Staat als Dienstherrn gegen den Beamten zur Verfügung stehen, gehen auf den Anstellungsvertrag und das zu seiner Ergänzung bestimmte Recht zurück. Dieses Recht ist Staatsrecht, der Staatsdienstvertrag ein staatsrechtlicher Vertrag. Es sind daher auch die hieraus entspringenden Rechte staatsrechtlicher Natur; diese Rechte des Staates aber bestehen in der Befugnis, Dienststrafen zu verhängen. Hieraus ergibt sich sonach, daß das Disziplinarrecht kein Privatrecht, kein Kriminalstrafrecht ist.

Aus dieser Feststellung heraus sind die Hauptsätze des Disziplinarrechtes erst verständlich. Erst hieraus erklärt es sich, warum die Handhabung des Disziplinarrechtes nicht den Zivil- oder Strafgerichten übertragen, warum hiefür ein besonderes Verfahren eingeführt ist. Da Kriminal- und Disziplinarstrafe Gegenstand verschiedener Rechtsansprüche sind, können sie kumuliert werden. Verletzt also ein Beamter neben der Dienstpflicht durch dieselbe Handlung die Amtspflicht oder verstößt er gegen sonstige Kriminalstrafgesetze, so unterliegt er wegen des Dienstvergehens der Disziplinarstrafe, wegen des Amts- oder sonstigen Kriminalvergehens der Kriminalstrafe, ohne daß dadurch der nur innerhalb des Kriminalrechtes geltende Satz „ne bis in idem" verletzt würde. Eine weitere Folge der obigen Feststellung ist die prinzipielle Unabhängigkeit des einen Verfahrens von dem andern. Daß dieses Prinzip im geltenden Recht von Ausnahmen durchbrochen ist, bestätigt nur die Gültigkeit des Prinzips und damit die Richtigkeit obiger Feststellung; denn wenn es der Gesetzgeber für notwendig hält, die Ausnahmen von dem Prinzip besonders gesetzlich festzulegen, so muß er im übrigen von der Gültigkeit des Prinzips ausgegangen sein.

Zur Verwirklichung des im Disziplinarrecht enthaltenen Rechtsanspruchs bedient sich der Staat desselben Mittels wie bei kriminellen Rechtsverletzungen der Strafe. Ein begrifflicher Unterschied zwischen Kriminal- und Disziplinar s t r a e besteht nicht (Wachinger Seite 287). Allerdings sind bei der Auswahl der Strafen andere Gründe hier als dort bestimmend; auch der Zweck der Strafen ist teilweise ein verschiedener;

bei der Kriminalstrafe prävaliert der Vergeltungsgedanke, bei der Disziplinarstrafe der Schutzgedanke. Diese Verschiedenartigkeit des Zwecks kann aber nicht dazu führen, eine Verschiedenheit der Disziplinar s t r a f e von der Kriminal s t r a f e zu begründen.

Daß Kriminal- und Disziplinarrecht sich desselben Mittels zur Verwirklichung ihrer Ansprüche bedienen, hat vielfach dazu geführt, die prinzipielle Verschiedenheit des Disziplinarrechts vom Kriminalrecht zu leugnen. Es ist so eine Anzahl Theorien entstanden, die in dem Disziplinarrecht ein Kriminalrecht, ein Sonderkriminalrecht für Beamte, in den Disziplinarstrafen eine Ergänzung des Systems der Kriminalstrafen und im Disziplinarverfahren nur eine Abart des Kriminalprozesses erblicken. Zur Begründung dieser Auffassung wird darauf hingewiesen, daß der innere Unterschied zwischen beiden Verfahren nur der sei, daß im Strafverfahren das allgemeine Interesse der Gemeinschaft an der Nichtverletzung der strafrechtlich gesicherten allgemeinen Menschenpflichten eines jeden gegen alle und im Disziplinarverfahren das besondere Interesse der Gemeinschaft an der Nichtverletzung der besonderen Beamtenpflichten geschützt werde. Demgegenüber ist zunächst auf das zu verweisen, was oben zur Begründung der anderen Theorie ausgeführt wurde; ferner sei hervorgehoben, daß, sobald das allgemeine öffentliche Interesse beteiligt ist, also bei den A m t s vergehen, kriminelle Verfolgung eintritt, daß aber bei den D i e n st vergehen das Offizialprinzip zessiert. Ganz besonders wichtig ist aber, daß sich diese Theorie mit einem Fundamentalsatz des Kriminalrechtes, „ne bis in idem" nie und nimmer in Einklang bringen läßt

Während noch vor nicht allzu langer Zeit die letztere Theorie als die herrschende bezeichnet werden konnte, nehme ich dieses Prädikat jetzt für die erstere, hier vertretene Theorie in Anspruch. Die beiden Theorien werden noch in allen möglichen Abarten vertreten; es kann jedoch nicht Aufgabe dieser Abhandlung sein, die einzelnen Theorien hier im einzelnen wiederzugeben; ich habe mich darauf beschränkt, zu der Frage Stellung zu nehmen und die Grundzüge der abweichenden Anschauung kurz zu skizzieren.

Folgende Autoren sind der Ansicht, daß das Disziplinarrecht nur ein Sonderstrafrecht für Beamte ist: G. M e y e r Seite 517 ff.; derselbe in den „Annalen" 1876 Seite 672 ff.; Preußisches Oberverwaltungsgericht 22, 428 ff.; H e f f t e r Seite 48 ff.; B u d d ä u s a. a. O.; S c h ü t z e bei Holtzendorf I 97; L u d e n Seite 223; F e u e r b a c h a. a. O.; M i t t e r m a i e r Seite 23; Z o r n Seite 328 f.; H. S e u f f e r t in der Strafgesetzgebung der Gegenwart I Seite 67; H. M e y e r Seite 678; M e v e s Seite 915 ff.; dagegen wird diese Auffassung von nachstehenden Autoren bekämpft: v. S e y d e l, Staatsrecht, Band II Seite 478 ff.; R e h m Seite 191 ff.; P f e i f f e r Seite 401, S c h l e t t e r a. a. O.; M a u r e n b r e c h e r a. a. O.; P e r t h e s Seite 122; M e i s t e r l i n Seite 60 ff.; W e i ß Seite 803; S c h m i t t h e n n e r Seite 515; S c h w e n k e n Seite 15; K ö s t l i n Seite 66; D o l l m a n n a. a. O.; B ü l a u a. a. O.; P ö z l a. a. O. Zachariae II Seite 44 ff.; G r o t e f e n d Seite 711 ff.; B l u n t s c h l i I Seite 624 ff.; S c h a p e r a. a. O.; D o c h o w Seite 58; O. M a y e r a. a. O.; v. H o l t z e n d o r f f I Seite 45; H e c k e r a. a. O.; L a b e s in den „Annalen" 1889 Seite 213 ff.; A r n d t Seite 653 f.; v. L i s z t, Strafrecht Seite 249; H ä l s c h n e r II 1014 ff.; L ö n i n g Seite 127 ff.; S p a h n a. a. O.; W a c h i n g e r a. a. O.

Ein ausführliches Referat über die ältere Literatur siehe bei L a b e s a. a. O.; bezüglich der neueren Literatur vgl. W a c h i n g e r a. a. O.

Das Beamtengesetz steht auf demselben Standpunkt, wie er hier vertreten wurde; „nach der Auffassung des Entwurfs sind Strafrechtspflege und Beamtendisziplin völlig selbständige und von einander unabhängige Gebiete, die begrifflich in keinem inneren Zusammenhange stehen" (Begründung Seite 202).

§ 3.

Verhältnis zum kriminellen Strafrecht.

Nach dem bayerischen Beamtengesetz sind, wie eben erwähnt, Strafrechtspflege und Beamtendisziplin zwei völlig selbständige und von einander unabhängige Gebiete, die begrifflich in keinem Zusammenhang stehen. Dieser Grundsatz hätte zur Konsequenz, daß im Disziplinarverfahren freigesprochen werden könnte, wenn im Kriminalprozeß verurteilt wurde, und umgekehrt. Aus praktischen Erwägungen läßt sich jedoch dieses Prinzip nicht in alle Konsequenzen verfolgen. Es liegt sowohl im Interesse des Beamten- wie der Strafrechtspflege, daß nicht dieselbe Handlung zum Gegenstand einer doppelten Untersuchung gemacht wird; auch ist das kriminelle Verfahren dann von besonderer Bedeutung für den Disziplinarprozeß, wenn es an sich schon den Amtsverlust herbeiführt. Es waren daher mehrfach Modifikationen des oben angeführten Grundsatzes notwendig (Begründung Seite 202, Brand Seite 143).

Im bayerischen Recht ist diese Materie wie folgt geregelt:

I. Im Kriminalverfahren ist ein rechtskräftiges Urteil ergangen.

a) Dieses Urteil hat den Amtsverlust zur Folge. Es bleibt demnach für ein Disziplinarverfahren wegen derselben Tat kein Raum mehr. War ein Disziplinarverfahren eingeleitet, während der Dauer des Kriminalprozesses aber ausgesetzt, so ist es durch Beschluß der Disziplinarkammer als gegenstandslos einzustellen. Ein neues Disziplinarverfahren kann wegen dieser Tat nicht mehr eingeleitet werden.

b) Das Kriminalurteil lautet auf Verurteilung, die nicht den Amtsverlust bewirkt, oder auf Freisprechung.

1. In diesen Fällen ist das Disziplinarrecht an das Urteil des Kriminalgerichts insoweit gebunden, als es nicht Tatsachen als nicht erwiesen annehmen kann, die das Kriminalgericht als erwiesen festgestellt hat, und umgekehrt. Hinsichtlich der Feststellung der tatsächlichen Vorgänge ist das Disziplinarrecht also an das Urteil des Kriminalgerichtes gebunden (ebenso Perels und Spilling Seite 167; ferner Motive zum RDG. Seite 591: „Daß das Disziplinargericht an die tatsächlichen Feststellungen der strafgerichtlichen Entscheidung gebunden ist, ergibt sich aus der Fassung des Artikels 11 des Entwurfes"). Beispiel: Das Kriminalurteil hat festgestellt, daß der Angeklagte in einer Quittung die Ziffer 500 in 1500 geändert hat. In diesem Fall kann das Disziplinargericht nicht sagen, der Beschuldigte habe diese Änderung nicht vorgenommen.

2. Etwas anderes ist die rechtliche Beurteilung des Tatbestandes. In dieser Hinsicht ist folgendes hervorzuheben:

α) Hat das Kriminalgericht ausgesprochen, daß die festgestellten Tatsachen den Tatbestand eines Kriminaldeliktes bilden, so ist das Disziplinargericht daran gebunden. Beispiel: Ein Beamter wird wegen Unterschlagung verurteilt; dann kann das Disziplinargericht nicht sagen, eine Unterschlagung liege nicht vor.

β) Hat das Kriminalgericht ausgesprochen, daß die festgestellten Tatsachen den Tatbestand eines Kriminaldeliktes nicht bilden, und infolgedessen freigesprochen, so kann das Disziplinarrecht nicht den Tatbestand eines kriminell strafbaren Vergehens für gegeben annehmen. Beispiel: Das Kriminalgericht spricht von der Anklage wegen Diebstahls frei; das Disziplinargericht darf dann nicht das Vorliegen von Diebstahl, Raub, Mundraub, Unterschlagung oder eines anderen kriminell strafbaren Deliktes bejahen.

γ) Ist die Freisprechung im Kriminalverfahren lediglich wegen Verjährung erfolgt, so kann gleichwohl die Verurteilung im Disziplinarverfahren erfolgen, soferne die disziplinarstrafrechtliche Verjährung (Artikel 113 BG.) noch nicht eingetreten ist.

δ) Im Falle der Freisprechung im Kriminalverfahren kann das Disziplinargericht ein Disziplinarvergehen in den Tatsachen erblicken, deren Vorliegen zwar vom Kriminalgericht nicht verneint wurde, aber zu einer kriminellen Bestrafung nicht genügt (Artikel 116 I BG). Beispiele: Der Beamte war wegen eines Vergehens wider die Sittlichkeit angeklagt, wurde aber freigesprochen, weil nicht alle Merkmale für den strafrechtlichen Tatbestand gegeben waren; immerhin kann der Beamte wegen einer ärgerniserregenden, den Anstand verletzenden Handlung disziplinär bestraft werden. Oder: Ein Beamter war angeklagt, amtliche Gelder unterschlagen zu haben, wurde aber freigesprochen, weil die Aneignung der amtlichen Gelder nicht erwiesen werden konnte; in diesem Falle könnte Disziplinarbestrafung wegen unordentlicher Kassenführung, Mangels an Sorgfalt bei der Aufbewahrung amtlicher Gelder eintreten. Oder: Ein Beamter hat eine Körperverletzung begangen, konnte aber kriminell nicht bestraft werden, weil er sinnlos betrunken war (§ 51 StGB.); es wäre Disziplinarbestrafung wegen sinnloser Trunkenheit zulässig. (Ebenso Brand Seite 144.)

ε) Im Falle der Verurteilung durch das Kriminalgericht kann das Disziplinargericht zwar nicht das Vorliegen dieses Kriminaldeliktes leugnen (vgl. oben unter α), aber es kann sagen, der Tatbestand des Kriminaldeliktes erfülle nicht den Tatbestand eines Disziplinarvergehens. Beispiel: Ein Beamter wird kriminell bestraft, weil er nach Eintritt der Dunkelheit ohne Laterne auf einem Rad gefahren ist.

In den Fällen α, γ, δ kann von der Beendigung des Kriminalprozesses an ein Disziplinarverfahren eingeleitet oder fortgesetzt werden. Ist das Verfahren noch nicht eingeleitet, so hat das Ministerium oder die von diesem ermächtigte Behörde sich schlüssig zu machen, ob es einen Antrag auf disziplinäre Verfolgung stellen will oder nicht. Ist das Disziplinarverfahren eingeleitet, aber auf Grund Artikel 115_1 BG. ausgesetzt gewesen, so entscheidet die Disziplinarkammer durch Beschluß, ob das Verfahren fortzusetzen sei oder nicht (Begründung Seite 203).

c) Das Urteil des Kriminalgerichts lautet auf Einstellung des Verfahrens; das Kriminalgericht hat also über die materielle Seite des Falles, über die Schuldfrage, gar nicht entschieden. Demnach ist der Disziplinarrichter in der Beurteilung völligfrei Hinsichtlich der Einleitung oder Fortsetzung des Disziplinarverfahrens gilt dasselbe wie bei b α, γ, δ. —

Die hier vorgetragene Ansicht ist, soweit es sich um Verurteilungen im Kriminalverfahren handelt, nicht unbestritten.

Im Falle der Freisprechung im Kriminalverfahren ist die Stellung des Disziplinarrichters im Gesetz klar vorgezeichnet; für den Fall der Verurteilung fehlt es jedoch an besonderen Vorschriften. Da aber kein Grund ersichtlich ist, warum die Stellung des Disziplinarrichters gegenüber dem freisprechenden Kriminalurteil eine andere sein soll als gegenüber dem verurteilenden, habe ich mich für die eben vorgetragene Ansicht entschieden, die auch völlig dem Rechtsgefühl und dem praktischen Bedürfnis Rechnung trägt.

Für das preußische Recht, in dem die Sachlage dieselbe wie im bayerischen und Reichsrecht ist, hat sich das preußische Staatsministerium als oberste Disziplinarinstanz durch Beschluß vom 23. März 1891 (Zentralblatt für die Unterrichtsverwaltung Seite 340, MBl. Seite 134) dahin ausgesprochen, daß der Disziplinarrichter, der einen vom Kriminalgericht abgeurteilten Fall vor sich hat, an die Entscheidung des letzteren nach dem Wortlaut des Gesetzes nur im Falle einer Freisprechung gebunden, im Falle einer Verurteilung dagegen in der freien Beurteilung des Tatbestands nicht behindert ist.

Mit vollem Recht wurde diese Ansicht vom preußischen Oberverwaltungsgericht in einer Entscheidung vom 31. Oktober 1891 (22, 428) bekämpft und betont, daß der Disziplinarrichter nicht berechtigt sei, die vom Strafrichter rechtskräftig festgestellte Tat- und Schuldfrage, mag sie verneint oder bejaht sein, einer selbständigen Nachprüfung zu unterziehen (übereinstimmend Pieper Seite 362 ff., Perels und Spilling Seite 167, Kanngießer zu § 78; a. A. Brand Seite 144 ff.).

Dieselbe Auffassung wie das preußische Oberverwaltungsgericht haben schon früher die Motive zum RDG., Seite 591, und der Reichsdisziplinarhof in einer Entscheidung vom 1. April 1874 (Zentralblatt für das Deutsche Reich Seite 143) und seitdem stets vertreten. Dieser hat auch immer betont, daß, wenn wegen derselben Tat das Disziplinarverfahren eröffnet worden ist, eine nochmalige Beweisaufnahme nicht stattfinden darf (vgl. Erkenntnisse vom 1. April 1874 (l. c.), 25. Januar 1886, J. Nr. 4, 9. November 1885, J. Nr. 122, sowie weitere Erkenntnisse bei Perels und Spilling Seite 169 f.).

II. Es liegt ein nicht mehr anfechtbarer Beschluß des Kriminalgerichts auf Nichteröffnung des Hauptverfahrens, auf Einstellung des Verfahrens oder auf Außerverfolgungsetzung des Angeschuldigten vor. Dieser Beschluß hindert die Einleitung oder Fortsetzung des Disziplinarverfahrens nicht; denn das Gesetz spricht nur von den Fällen, in denen auf Freisprechung erkannt ist (ebenso Pieper Seite 362, Brand Seite 145, Reichsdisziplinarhof vom 8. Juli 1901 bei Perels und Spilling Seite 172 f.; a. A. Perels und Spilling daselbst).

III. Der Staatsanwalt oder Amtsanwalt hat in einem Kriminalverfahren die öffentliche Klage erhoben oder es ist in einem militärgerichtlichen Verfahren die Anklage verfügt worden; das Verfahren ist aber noch nicht erledingt.

In dem Zeitraum zwischen der Klageerhebung oder Anklageverfügung bis zur rechtskräftigen Erledigung der Kriminalstrafsache darf wegen der nämlichen Tatsachen ein Dienststrafverfahren nicht eingeleitet werden (Artikel 115_2 BG.). Ist zur Zeit der Klageerhebung beziehungsweise Anklageverfügung ein Disziplinarverfahren bereits anhängig, so hat die Disziplinarkammer oder der Disziplinarhof einen Beschluß auf Aussetzung des Verfahrens bis zur rechtskräftigen Erledigung des Kriminalverfahrens zu fassen. Hiedurch wird jedoch die Suspensionsbefugnis nicht ausgeschlossen (Brand Seite 143).

Ist das Kriminalverfahren rechtskräftig erledigt, so sind die Bestimmungen unter I maßgebend.

Hat das Kriminalgericht gemäß § 203 StPO. die vorläufige Einstellung des Verfahrens wegen Abwesenheit des Beschuldigten beschlossen, so kann von diesem Zeitpunkt an das Disziplinarverfahren eingeleitet oder fortgesetzt werden. (Artikel 115_2 BG.). Diese Vorschrift wurde in das Gesetz aufgenommen, um einen flüchtigen Beamten bestrafen, insbesondere des Dienstes entsetzen zu können; fehlte die Vorschrift, so wäre lediglich Suspension möglich.

IV. Ergibt sich im Laufe eines Disziplinarverfahrens, daß die betreffende Handlung kriminell zu bestrafen ist, so muß, da dem Kriminalverfahren der Vorrang gebührt, der zuständigen Kriminalbehörde sofort Anzeige erstattet werden. Im übrigen ist nach III zu verfahren (Pieper Seite 359; a. A. Perels und Spilling Seite 165, die die Anzeigepflicht verneinen und es dem Ermessen des Disziplinargerichts anheimgeben, ob es Anzeige erstatten will oder nicht).

§ 4.

Geltungsbereich der Vorschriften des Beamtengesetzes über das Disziplinarstrafrecht und Disziplinarstrafverfahren.

Leitender Grundsatz ist, daß die Vorschriften des Beamtengesetzes über das Disziplinarrecht auf alle aktiven, unwiderruflichen, bayerischen Staatsbeamten Anwendung finden:

Des Näheren ist folgendes hervorzuheben:

I. In persönlicher Beziehung.

Wie erwähnt, erstreckt sich das Disziplinarrecht des Beamtengesetzes auf alle aktiven, unwiderruflichen, bayerischen Staatsbeamten. Um diese Begriffe festzustellen, müssen kurze Erörterungen vorausgeschickt werden:

a) Beamter im Sinne des Beamtengesetzes ist eine Person, die sich auf Grund einer Entschließung des Königs oder einer vom König ermächtigten Behörde in einem Dienstverhältnis zum Staat befindet und entweder einer in der Gehaltsordnung aufgeführten Beamtenklasse angehört oder durch Anordnung der Staatsregierung als Beamter im Sinne des Beamtengesetzes erklärt ist (Artikel 1 BG.). Die Hof-, Gemeinde-, Kreis- und Stiftungsbeamten sind demnach nicht Staatsbeamte; denn sie stehen nicht in einem Dienstverhältnis zum Staat. Daß ein Beamter aus Kreismitteln besoldet wird, hindert nicht, daß er Staatsbeamter ist, wenn die Voraussetzungen des Artikel 1 BG. vorliegen.

b) Etatsmäßig sind die Beamten, die einer in der Gehaltsordnung aufgeführten Beamtenklasse angehören und bei ihrer Ernennung eine Urkunde erhalten haben, worin der Zeitpunkt, von dem an die Ernennung wirksam ist, bezeichnet und angegeben ist, daß die Ernennung in etatsmäßiger Eigenschaft erfolgt (Artikel 2, 5_1 BG).

c) Das Dienstverhältnis der etatsmäßigen Beamten wird entweder sofort oder nach 3 oder nach 10 Jahren unwiderruflich (Artikel 6 BG.); wann die Unwiderruflichkeit eintritt, ist in den Anlagen zum Beamtengesetz angegeben.

Hieraus ergibt sich, daß das allgemeine Disziplinarrecht des Beamtengesetzes nicht Anwendung findet auf nachstehend aufgeführte Personengruppen:

1. Sämtliche widerruflichen Beamten. Gegen diese ist ein Disziplinarverfahren unnötig; denn es soll dann eintreten, wenn auf Strafversetzung oder Dienstentlassung erkannt werden soll; die widerruflichen Beamten können jedoch im Verwaltungsweg jederzeit auf eine andere Stelle gleichen oder minderen Rangs und Gehalts versetzt und aus dem Dienst entlassen werden. Ein Disziplinarverfahren ist bei den widerruflichen Beamten daher gänzlich überflüssig. Artikel 164 BG. (Ebenso Reindl Seite 49).

Eine Ausnahme ergibt sich lediglich aus Art. 96_1 Satz 2 und Art. 101 BG. Hienach hat ein Disziplinarverfahren gegen widerrufliche Beamte einzutreten, wenn ihnen der Anspruch auf die in Art. 89—91 BG. näher bezeichnete Unfallfürsorge entzogen werden soll. Diese Bestimmung wurde analog dem § 7 des Reichsunfallfürsorgegesetzes vom 18. Juni 1901 (RGBl. Seite 211) getroffen (Begründung Seite 91 und 176; Reindl S. 49).

2. Die Staatsdienstaspiranten, die nicht als Beamte im Sinne des Artikel 1 BG. erklärt sind, ferner die Personen, die, ohne als Beamte im Sinne des Artikel 1 BG. erklärt zu sein, mit den Verrichtungen solcher Beamten ständig oder vorübergehend betraut sind. Auch bei diesen Personen kann die Versetzung, die hier wohl kaum in Frage kommen wird, sowie die Dienstentlassung ohne weiteres oder erforderlichenfalls nach vorausgegangener Kündigung durch Verfügung der Verwaltung erfolgen. Es ist daher auch dieser Personengruppe gegenüber ein Disziplinarverfahren vollkommen entbehrlich.

Die Staatsdienstaspiranten, welche als Beamte im Sinne des Artikel 1 BG. erklärt sind, zählen hinsichtlich der Disziplin zu den widerruflichen Beamten; es ist daher auch ihnen gegenüber ein Disziplinarverfahren ausgeschlossen.

3. **Die unter Gewährung von Wartegeld einstweilen in den Ruhestand versetzten unwiderruflichen Beamten.** Da diese Beamten kein Amt bekleiden, kann natürlich von einer Strafversetzung keine Rede sein. Es gelten für sie die besonderen Vorschriften des Artikel 166 BG.; siehe am Schlusse dieses Buches.

4. **Die zeitlich oder dauernd in den Ruhestand versetzten unwiderruflichen Beamten.** Auch diesen Beamten gegenüber ist Strafversetzung und Dienstentlassung unmöglich, weshalb besondere Vorschriften nötig waren, die in Artikel 167 BG. niedergelegt sind. Auch diese sind am Schlusse des Buches behandelt.

Abgesehen von den erwähnten Personengruppen findet das Disziplinarrecht des Beamtengesetzes weiterhin kraft besonderer Vorschriften keine Anwendung auf folgende Personen:

5. **Die Zivilstaatsminister.** Die Nichtanwendbarkeit des Disziplinarrechtes des Beamtengesetzes ist in Artikel 182 BG. ausgesprochen. Für die Zivilstaatsminister gelten ausschließlich das Gesetz vom 4. Juni 1848, die Verantwortlichkeiten der Minister betreffend, in der Fassung nach Artikel 221 BG. und das Gesetz vom 30. März 1850, den Staatsgerichtshof und das Verfahren bei Anklagen gegen Minister betreffend.

6. **Der Kriegsminister.** Daß das Disziplinarrecht des Beamtengesetzes auf den Kriegsminister nicht anwendbar ist, steht nicht ausdrücklich im Beamtengesetz; es ergibt sich jedoch daraus, daß er nicht Militärbeamter, sondern aktiver Offizier ist, und sich die Vorschriften des Beamtengesetzes auf Personen des Soldatenstandes nicht beziehen. Auch für den Kriegsminister gelten die unter 5) erwähnten beiden Gesetze, außerdem aber auch mit Rücksicht auf seine Eigenschaft als Offizier die für diese bestehenden besonderen Disziplinarvorschriften.

7. **Die Richter der ordentlichen Gerichte.** Für diese gilt gemäß Artikel 183_1 BG. ausschließlich das Disziplinargesetz für richterliche Beamte vom 26. März 1881 in der Fassung der Bekanntmachung vom 5. Dezember 1908 (GVBl. Seite 1008). „Ordentliche Gerichte" sind die Amtsgerichte, Landgerichte, Oberlandesgerichte und das Oberste Landesgericht, nicht aber z. B. die Gewerbe- und Kaufmannsgerichte. Auf die Handelsrichter finden die Vorschriften des Richterdisziplinargesetzes mit den in Artikel 84 dieses Gesetzes vorgesehenen Abweichungen Anwendung.

8. **Der Präsident, die Senatspräsidenten und Räte des Verwaltungsgerichtshofs.** Für diese gilt gemäß Artikel 183_1 BG. und Artikel 85 des Richterdisziplinargesetzes dieses Gesetz mit den in Artikel 85 l. c. angegebenen Abweichungen.

9. **Der Präsident und die Oberregierungsräte des Obersten Rechnungshofs** unterliegen nach Artikel 184, 183_1 BG. und Artikel 85 des Richterdisziplinargesetzes diesem Gesetz mit den in Artikel 184 BG. und Artikel 85 RDG. enthaltenen Abweichungen.

10. **Die richterlichen Militärjustizbeamten.** Für diese kommen außer den einschlägigen Bestimmungen (namentlich § 96) der Militärstrafgerichtsordnung vom 1. Dezember 1898 insbesondere das Reichsgesetz vom 1. Dezember 1898, betreffend die Dienstvergehen der richterlichen Militärjustizbeamten und die unfreiwillige Versetzung derselben in eine andere Stelle oder in den Ruhestand, ferner § 3 des Reichsgesetzes vom 9. März 1899, betreffend die Errichtung eines besonderen Senats für das bayerische Heer beim

Reichsmilitärgericht in Berlin, dann das bayerische Ausführungsgesetz vom 11. Juli 1900 zu den Reichsmilitärjustizgesetzen vom 1. Dezember 1898 und 9. März 1899, endlich das Gesetz vom 24. März 1908, betreffend Änderung des vorbezeichneten Ausführungsgesetzes in Betracht.

11. Die Notare. Für diese gilt ausschließlich das Disziplinarrecht der §§ 67—85 des Notariatsgesetzes vom 9. Juni 1899.

12. Ein Teil der Beamten der Militärverwaltung. Die Beamten der Militärverwaltung gliedern sich folgendermaßen:

a) Militärbeamte und zwar

α) Militärbeamte, die nur den ihnen vorgesetzten Militärbefehlshabern untergeordnet sind,

β) Militärbeamte, die in einem doppelten Unterordnungsverhältnis stehen und zwar einerseits zu den ihnen vorgesetzten Militärbefehlshabern, andererseits zu den ihnen vorgesetzten höheren Beamten und Behörden,

γ) Militärbeamte, die nur den ihnen vorgesetzten höheren Beamten und Behörden untergeordnet sind;

b) Zivilbeamte der Militärverwaltung.

Zu welcher Gruppe (α, β, γ) die einzelnen Militärbeamten gehören, ist in der Verordnung vom 1. August 1908, betreffend die Klasseneinteilung der Militärbeamten des Reichsheeres und der Marine (RGBl. Seite 483) bestimmt.

Das Prinzip für die Regelung des Disziplinarverfahrens läßt sich in die Worte fassen, daß die Militärbeamten, welche nur unter Militärbefehlshabern stehen, im Disziplinarverfahren nicht von Gerichten abgeurteilt werden sollen, die aus Zivilrichtern und Verwaltungsbeamten zusammengesetzt sind. Dieses Prinzip ist allerdings nur lose durchgeführt. Es ist zwar Vorsorge getroffen, daß die nur unter Militärbefehlshabern stehenden Beamten im Disziplinarverfahren von einem Gericht abgeurteilt werden, das nur aus Offizieren und Militärbeamten zusammengesetzt ist, allein in 2. Instanz entscheidet der aus Zivilrichtern und Verwaltungsbeamten bestehende Disziplinarhof; weiter ist für die Beamten mit doppeltem Unterordnungsverhältnis lediglich die mit Zivilrichtern und Verwaltungsbeamten besetzte Disziplinarkammer zur Verhängung der Dienstentlassung oder Strafversetzung zuständig (vgl. Begründung Seite 254).

Hienach ist das Disziplinarrecht für Beamte der Militärverwaltung folgendermaßen geregelt.

Das allgemeine Disziplinarrecht des bayerischen Beamtengesetzes findet in vollem Umfang entsprechende Anwendung auf die oben unter a β und γ) und unter b) genannten Beamten (Artikel 192 BG., ferner arg. e contr. Artikel 199 BG.; vgl. Begründung zu Artikel 200 des Entwurfes). Dies gilt für das Disziplinarverfahren wegen Verfehlung gegen Artikel 16 BG. auch, soweit nur Ordnungsstrafen zu verhängen sind. Letzteres ergibt sich aus Artikel 118 Satz 2 BG., welcher die Zuständigkeit der Disziplinargerichte in diesem Fall ausspricht, hinsichtlich der oben unter a β) und b) genannten Beamten. Daß dies aber auch für die unter a β) aufgeführten Beamten gilt, ergibt sich weiter daraus, daß Artikel 200 BG. die besonderen Vorschriften lediglich für die von den Militärvorgesetzten über die Militärbeamten zu verhängenden Strafen, die nicht in Strafversetzung oder Dienstentlassung bestehen, für maßgebend erklärt. Nach Artikel 118 Satz 2 BG. sind aber die wegen Vergehens gegen Artikel 16 BG. zu verhängenden Ordnungsstrafen nicht von den Militärvorgesetzten, sondern von den Disziplinargerichten zu verhängen. Ein Vorbehalt für die unter Militärbefehlshabern stehenden Militärbeamten ist nicht gemacht.

Das allgemeine Disziplinarrecht des bayerischen Beamtengesetzes findet nicht Anwendung auf die unter a α) genannten Beamten. Für diese gilt ein besonderes, in Artikel 199 BG. näher geregeltes Disziplinarrecht.

13. Die Gendarmeriemannschaften. Diese sind Beamte im Sinne des Gesetzes; das allgemeine Disziplinarrecht findet jedoch auf sie nicht Anwendung kraft besonderer Vorschrift des Artikels 204_2 BG.; für sie gelten die im Verordnungsweg erlassenen Vorschriften über das Dienststrafrecht, die sich in §§ 34 ff. der Verordnung vom 21. Dezember 1908, die Organisation der Gendarmerie betreffend (GVBl. Seite 1189) finden. —

14. Die Landtagsbeamten. Für diese gelten die besonderen Vorschriften in Artikel $185_{4,\,5}$ BG.

Der Vollständigkeit und Übersichtlichkeit wegen seien noch weitere Gruppen von Personen genannt, auf die das allgemeine Disziplinarrecht des Beamtengesetzes nicht Anwendung findet, da es sich hiebei überhaupt nicht um Staatsbeamte im Sinne des Beamtengesetzes handelt.

15. Hofbeamte (vgl. Artikel XXIV § 9 der Hauptlandespragmatik). Diese sind öffentliche, aber nicht Staatsbeamte (ebenso Reindl S. 10).

16. Gemeindebeamte. Nach Artikel 167_1 der rechtsrheinischen Gemeindeordnung finden bezüglich der Mitglieder der Magistrate und Gemeindeausschüsse und jener höheren Bediensteten, welche Stabilität erlangt haben, nach Artikel 97_1 der pfälzischen Gemeindeordnung bezüglich der Bürgermeister, Adjunkten und besoldeten Gemeinderatsmitglieder und jener höheren Bediensteten, welche dauernde Stellung erlangt haben, die Disziplinarbestimmungen für administrative Staatsdiener analoge Anwendung. Im übrigen gelten für die Gemeindebediensteten folgende Vorschriften: Artikel 165—169 rechtsrheinische Gemeindeordnung, Artikel 95—99 pfälzische Gemeindeordnung, Artikel 103—106, 108—112 AG. StPO. vom 18. August 1879, Artikel 108 Forstgesetz vom 28. März 1852, Artikel 74_1 Einkommensteuergesetz vom 9. Juni 1899, Artikel 37_3 Kapitalrentensteuergesetz vom 9. Juni 1899, Artikel 70_1 Gewerbesteuergesetz vom 9. Juni 1899. Mit der geplanten Neuregelung der Dienstverhältnisse wird eine gründliche Revision des für die Gemeindebediensteten geltenden Disziplinarrechtes im Sinne einer Annäherung an das Disziplinarrecht des Beamtengesetzes erforderlich werden.

17. Volksschullehrer. Ein allgemeines, für das ganze Königreich geltendes Disziplinarrecht besteht für diesen Personenkreis nicht. Als gemeinsame Bestimmungen sind nur anzuführen § 46_2 der Formationsverordnung vom 17. Dezember 1825, wonach die Entlassung, also auch die Strafentlassung, der Volksschullehrer den Kreisregierungen zusteht, und eine Ministerialentschließung vom 2. Januar 1895, die Disziplin über das Lehrpersonal an den Volksschulen betreffend, wonach hinsichtlich des Lehrpersonals an den Volksschulen der Ausspruch der Suspension als einer selbständigen Disziplinarstrafe zu unterbleiben hat. Was im übrigen von Rechtsquellen bestimmt wurde, die für ganz Bayern Geltung haben, sind lediglich Vorschriften mehr deklaratorischer als rechtssetzender Natur, in denen die rechtliche Stellung der Lehrer erörtert, die Nichtanwendbarkeit der IX. Verfassungsbeilage auf sie ausgesprochen und einzelne Fälle geregelt wurden. Die letztere, ziemlich bedeutungslose Gruppe von Vorschriften schlägt hier deswegen ein, weil man auch in späteren ähnlichen Fällen dasselbe Verfahren beobachtete, so daß die Regelung früherer Fälle Anlaß zur Bildung von Gewohnheitsrecht gab. Alle übrigen Vorschriften sind lediglich für einzelne Kreise gültig. Bezüglich dieser Bestimmungen, deren Aufzählung über den Rahmen dieser Arbeit hinausgehen würde, sei als Beispiel auf die Disziplinarvorschriften für das Lehrpersonal an den niederbayerischen Volksschulen vom 19. Juli 1875 (Niederbayer. Kr. A. Bl. 1875, Nr. 60) verwiesen. Zum Disziplinarrecht der Volksschullehrer vgl. Englmann-Stingl, Handbuch des bayerischen Volksschulrechts, 5. Auflage, München 1905, Seite 265 ff.

Soweit Volksschullehrer als Gemeindeschreiber tätig sind, sind sie Gemeindebedienstete und in diesem Umfang auch dem Gemeindedisziplinarrecht unterworfen (Artikel 166_2 GO).

Üben Volksschullehrer zugleich die Funktionen niederer Kirchendiener aus, so unterstehen sie hierin der Disziplin der geistlichen Behörden. Vgl. Entscheidung des Verwaltungsgerichtshofes vom 18. April 1894 (Sammlung, Band XV Seite 159).

18. **Die nicht in Artikel 188 BG. aufgeführten Beamten der Kreise,** soweit nicht gemäß Artikel 189 BG. die Vorschriften des Beamtengesetzes über das Disziplinarrecht auf sie anwendbar erklärt worden sind.

19. **Die nicht in die Gehaltsordnung aufgenommenen, aus Stiftsmitteln besoldeten Beamten,** soweit nicht gemäß Artikel 189 BG. die Vorschriften des Beamtengesetzes über das Disziplinarrecht auf sie anwendbar erklärt worden sind.

20. **Die Beamten der Fachschulen,** soweit ihnen nicht nach Artikel 190 BG. die Eigenschaft von etatsmäßigen Beamten im Sinne des Artikel 2 BG. verliehen worden ist.

21. **Die Militärpersonen.** Für diese gilt die Disziplinarstrafordnung für das Heer vom 12. Dezember 1872, § 3 EGzMStGB. vom 20. Juni 1872, § 18_1 EGzMStGO. vom 1. Dezember 1898 und die Verordnung vom 31. August 1874, die Ehrengerichte der Offiziere betreffend (Neuabdruck 1905), samt Ergänzungen.

22. **Die Kirchendiener.** Die Kirchendisziplin gehört nach § 38_2 lit. e Rel. Ed. zu den inneren Kirchenangelegenheiten. Hier sind weiter einschlägig Artikel XII lit. d des Konkordats und §§ 11, 19 lit. e des Protestantenedikts. Im übrigen gilt das kirchliche Disziplinarrecht. Eine größere Anzahl Ministerialentschließungen aus der ersten Hälfte des vorigen Jahrhunderts regelt einzelne Fälle und gibt Anweisungen, wie bei Einsendung der Akten, Vollstreckung der Strafen, Vernehmung von Zeugen usw. zu verfahren ist (vgl. Döllinger 8, 767—774, 1630; 24, 314).

Soweit Geistliche als Schulinspektoren tätig sind, unterstehen sie der Disziplin der weltlichen Gewalt; vgl. Generalreskript vom 25. Juli 1810, Ministerialentschließung vom 15. April 1815 und vom 29. Juni 1844 (letztere bei Döllinger 24, 314 und Weber 3, 550).

23. **Die Rechtsanwälte.** Für diese gelten §§ 63—97 RAO. vom 1. Juli 1878.

24. **Die Ärzte,** soweit sie nicht Amtsärzte sind. Die Militärärzte sind Personen des Soldatenstandes, nicht Beamte (Reindl S. 10). Vgl. Verordnung über die Ehrengerichte der Sanitätsoffiziere vom 25. Mai 1903 samt Ergänzungen.

Im übrigen bestehen Disziplinarvorschriften noch für Gefangene, Armenhäusler, Studierende und Schüler.

II. In sachlicher Beziehung.

Die Vorschriften des bayerischen Beamtengesetzes über das Disziplinarrecht finden Anwendung bei der Verfolgung der mit Strafversetzung oder Dienstentlassung zu ahndenden Dienstvergehen der bayerischen Beamten, die gemäß den Erörterungen unter I dem Disziplinarrecht des Beamtengesetzes unterworfen sind.

Außerdem ist das Disziplinarrecht des Beamtengesetzes anzuwenden:

a) Zur Verfolgung der Dienstvergehen, die Beamte, die jetzt dem allgemeinen Disziplinarrecht unterstehen, während ihres früheren Dienstverhältnisses als Richter, Notar oder öffentlicher Beamter begangen haben (Artikel 112_1 BG). Diese Vorschrift geht auf den früheren Artikel 82 (jetzt 87) RDG. zurück. Sie mußte eingefügt werden, um Zweifel auszuschließen, welches Disziplinarrecht in einem solchen Falle Anwendung findet. Es handelt sich hier z. B. um den Fall, daß ein Amtsrichter zum II. Staatsanwalt befördert wird. Das Beamtengesetz geht hiebei von dem Grundsatz aus, daß für die Frage, welches Dienststrafrecht zur Anwendung kommen soll, nicht die Zeit der Verübung des Dienstvergehens, sondern die Zeit der Verfolgung desselben maßgebend sein soll. Ist wegen dieses Dienstvergehens während des früheren Dienstverhältnisses des Beamten bereits im Disziplinarweg erkannt worden, so ist, wie bei Beratung des RDG. im Ausschuß der Kammer der Abgeordneten ausdrücklich von der Regierung hervorgehoben wurde, ein zweites Disziplinarverfahren selbstverständlich ausgeschlossen.

b) Auf die Dienstvergehen, die solche Beamte, die jetzt dem Disziplinarrecht des BG. unterstehen, vor ihrem Eintritt in den Staatsdienst zu einer Zeit begangen haben, in der sie weder Staatsbeamte noch öffentliche Beamte waren — jedoch unter Beschränkung auf solche Handlungen, die die Strafversetzung oder Dienstentlassung begründen (Artikel 112_2 BG). Diese Bestimmung ist unlogisch und nur aus dem praktischen Bedürfnis zu erklären; denn solange jemand nicht Beamter ist, ist er nicht den für Beamte geltenden Disziplinarvorschriften unterworfen; seine Handlung, die bei einem Beamten ein Dienstvergehen darstellt, kann disziplinär nicht verfolgt werden; tritt aber diese Person in den Staatsdienst nach der Begehung der Handlung ein, so wird aus der disziplinär nicht verfolgbaren Handlung plötzlich ein Dienstvergehen. Der praktische Zweck, dem diese Vorschrift dienen soll, ist folgender: Jemand hat eine nach Beamtendisziplinarrecht strafbare Handlung begangen, ohne daß bekannt geworden wäre, daß er der Täter ist. Er wird dann als Beamter angestellt und erlangt nach 3 Jahren die Unwiderruflichkeit. Nun wird bekannt, daß er der Täter war. Bei der Schwere des Vergehens ist das Ansehen des Beamten völlig zerrüttet und ein ersprießliches Wirken desselben unmöglich geworden. Bestände nun die erwähnte Vorschrift nicht, so könnte der Staat gegen diesen Beamten disziplinär nicht vorgehen, er könnte ihn insbesondere nicht aus dem Dienst entlassen. Im Reichsbeamtenrecht müssen solche Dienstvergehen, wie sie unter b) aufgeführt sind, straflos bleiben (vgl. Pieper Seite 341).

c) Das formelle Disziplinarrecht des BG. findet auch Anwendung bei Verhängung von Ordnungsstrafen gegen unwiderrufliche Beamte wegen Zuwiderhandlung gegen die Vorschrift des Artikels 16 BG. Diese Ausnahmebestimmung wurde in das Gesetz aufgenommen, um das Recht der Beamten zur Teilnahme an Vereinen mit den weitestgehenden Garantien zu umgeben.

III. In zeitlicher Beziehung.

a) Disziplinarstrafrecht.

Nach Artikel 207 tritt das Beamtengesetz in seinem ganzen Umfang am 1. Januar 1909 in Kraft. Es finden daher auf alle nach dem 31. Dezember 1908 begangenen dienststrafrechtlich strafbaren Handlungen die dienststrafrechtlichen Vorschriften des Beamtengesetzes Anwendung. „Begangen" ist eine strafbare Handlung zu der Zeit, zu welcher der Täter in der Ausführung persönlich tätig war; ein fortdauerndes Delikt wird sowohl zur Zeit der Begründung als auch der Aufrechterhaltung, also während der ganzen Dauer desselben „begangen" (vgl. Frank, StGB. zu § 3); wann ein fortgesetztes Delikt „begangen" ist, ist bestritten; die richtige Ansicht dürfte dahin gehen, daß jede einzelne Handlung für sich zu betrachten und für jede einzelne der Zeitpunkt der Begehung nach den eben angeführten Sätzen zu bestimmen ist.

Ergibt sich, daß die Tat erst nach dem 31. Dezember 1908 begangen ist, so regelt sich, wie erwähnt, das materielle Disziplinarstrafrecht nach den Regeln des Beamtengesetzes. Ist dagegen die Tat schon vor dem 1. Januar 1909 begangen, so ist Artikel 219_2 BG. maßgebend. Dieser bestimmt, daß bei der Prüfung der Frage, ob hinsichtlich der auszusprechenden Strafen die bisherigen Vorschriften oder die Vorschriften des Beamtengesetzes anzuwenden sind, § 2_2 StGB. entscheidend sein soll. Hienach ist das mildeste Gesetz anzuwenden. Praxis und Literatur des Strafrechts stimmen darin überein, daß hierunter das Gesetz zu verstehen ist, das im konkreten Fall zu der mildesten Bestrafung führt. Im allgemeinen läßt sich vielfach nicht bestimmen, welches von zwei Gesetzen das mildere ist (z. B. wenn ein Gesetz zwar ein höheres Strafmaximum, aber auch ein niedrigeres Strafminimum kennt); doch ist allgemein das Gesetz das mildere, das eine Tat entweder gar nicht oder mit geringerer Strafe oder bei gleicher Strafe mit geringeren Straffolgen bedroht als ein anderes. Praktisch ist so zu verfahren: Beide Gesetze sind auf den gegebenen Fall anzuwenden; ist nach dem einen eine Strafe verwirkt, nach dem anderen nicht, so ist letzteres anzuwenden; ist die Handlung nach beiden Gesetzen strafbar, so ist das Gesetz anzuwenden, bei dessen Zugrundelegung sich eine geringere Strafe oder bei gleicher Strafe geringere Straffolgen ergeben haben. Ergibt sich, daß nach beiden Gesetzen dieselbe Strafe beziehungsweise dieselben Straffolgen eintreten, so läßt sich nicht feststellen, welches Gesetz das mildere ist; in diesem Fall ist das Gesetz anzuwenden, unter dessen Herrschaft die Straftat begangen wurde. Dies letztere ergibt sich daraus, daß einem Gesetz nur insoweit rückwirkende Kraft zukommt, als dies ausdrücklich bestimmt ist.

Die Anwendung früherer Gesetze erleidet eine Einschränkung durch die Bestimmung des Artikel 219_2 Satz 2 BG., daß auf die Strafe der Suspension, auf Haft und Arrest nicht mehr erkannt werden darf. Ist in einem solchen Fall neben diesen Strafen noch eine andere Strafe angedroht, so ist auf diese zu erkennen; andernfalls liegt eine lex imperfecta vor und es ist Sache des richterlichen Ermessens, die im Einzelfall verwirkte Strafe festzustellen. Das Verbot, auf Arreststrafen zu erkennen, bezieht sich gemäß Artikel 200 BG. nicht auf die von Militärbefehlshabern gegen Militärbeamte nach Maßgabe der Disziplinarstrafordnung für das Heer zu verhängenden Arreststrafen (vgl. Begründung zu Artikel 219 des Entwurfs).

b) Disziplinarstrafverfahren.

Wie erwähnt, tritt nach Artikel 207 BG. das Beamtengesetz in vollem Umfang, also auch hinsichtlich der Bestimmungen über das Disziplinarstrafverfahren, am 1. Januar 1909 in Kraft. Es ist daher selbstverständlich, daß für die Disziplinarstrafsachen, welche erst nach dem 31. Dezember 1908 anhängig werden, die Vorschriften des Beamtengesetzes über das Disziplinarstrafverfahren zur Anwendung gelangen. Nach Artikel 219 BG. verbleibt es für die am Beginn des 1. Januar 1909 bereits anhängigen Dienststrafsachen in Ansehung des Verfahrens bei den bisherigen Vorschriften. Diese Bestimmung, welche von der Regelung in Artikel 83_4 RTG. älterer Fassung abweicht, sich aber an § 8 EGz.StPO. anschließt, wurde aus Gründen der Einfachheit und Zweckmäßigkeit gewählt, weil es unter Umständen Schwierigkeiten bietet, ein einmal begonnenes Verfahren plötzlich nach anderen Vorschriften fortzuführen.

IV. In räumlicher Beziehung.

Vorschriften über den räumlichen Geltungsbereich des Disziplinarrechts des Beamtengesetzes entfallen als gegenstandslos, da auf sämtliche Dienstvergehen der bayerischen Beamten, mögen sie innerhalb oder außerhalb Bayerns begangen worden sein, mag der Beamte innerhalb oder außerhalb Bayerns Dienstsitz, Wohnsitz oder Aufenthalt haben, das Disziplinarrecht des Beamtengesetzes Anwendung findet.

II. Abschnitt.

Das materielle Disziplinarstrafrecht.

§ 5.

Allgemeines.

Die Lehre vom materiellen Disziplinarstrafrecht hat ebenso, wie dies beim Kriminalstrafrecht der Fall ist, das Vergehen, die Strafe und die Anwendung der Strafe auf das Vergehen zu umfassen.

Gegenüber dem Kriminalstrafrecht ergibt sich eine bedeutende Vereinfachung. Da das Disziplinarstrafrecht keine besonderen Vergehenstatbestände kennt, entfällt für das Disziplinarstrafrecht jene Gruppe von Rechtssätzen, die im besonderen Teil des Kriminalstrafrechts zusammengefaßt zu werden pflegen. Weiterhin kennt das Disziplinarstrafrecht den Begriff der Teilnahme ebensowenig wie den Begriff des Versuchs; es kann sich stets nur um vollendete Täterschaft handeln. Auch zwischen den Schuldarten gibt es keinen Unterschied; das Disziplinarstrafrecht kennt nur einen Schuldbegriff.

Die Vereinfachung gegenüber dem Kriminalstrafrecht besteht weiter darin, daß das Disziplinarstrafrecht davon absieht — wenige Ausnahmen vorbehalten — einzelne Begriffe genau im Gesetz festzulegen; in allen diesen Beziehungen greift das freie richterliche Ermessen ein, das auch durch gewohnheitsrechtliche Normen nicht eingeengt ist.

Hieraus ergibt sich, daß die systematische Darstellung des materiellen Disziplinarstrafrechtes sich auf folgende im positiven Recht geregelte Materien beschränkt:

I. Dienstvergehen.

II. Dienststrafen.

III. Anwendung der Dienststrafen auf die Dienstvergehen:

a) Der Antrag als Bedingung der Strafbarkeit.

b) Die Verjährung als Strafausschließungsgrund.

c) Die Strafzumessung.

§ 6.

Das Dienstvergehen.

Dienstvergehen ist jede schuldhafte Verletzung der dem Beamten als solchem obliegenden Pflichten (Artikel 105 BG.). Unter Verletzung einer Pflicht versteht man das Handeln, Dulden oder Unterlassen entgegen einem Gebot oder Verbot, dem sich der Beamte unterwerfen muß. Das Maß der Schuld ist nicht allgemein normiert, sondern es ist dem freien richterlichen Ermessen überlassen zu entscheiden, ob eine Verletzung der Pflichten im einzelnen Fall dem Beamten zugerechnet werden kann.

Welche Pflichten dem einzelnen Beamten obliegen, ist aus den einschlägigen Gesetzen, Verordnungen und Dienstesvorschriften zu entnehmen und für den besonderen Fall jeweils zu bestimmen; es ist ganz unmöglich, im Rahmen dieser Arbeit eine erschöpfende Aufzählung dieser besonderen Pflichten zu geben. Eine Reihe einzelner Pflichten, die allen Beamten obliegen, führt das BG. in Artikel 12_1, 14, 15, 16, 17, 18_1, 18_2, 18_3, 19, 20, 21, 22_2, 37_3, 42 mit 9 Satz 1, 64_1 mit 9 Satz 1 auf.

Die beiden allgemeinen Pflichten, die jedem Beamten obliegen und zugleich sämtliche besonderen Pflichten enthalten, sind in Artikel 11 BG. niedergelegt. Hienach ist der Beamte verpflichtet,

1. alle Obliegenheiten des ihm übertragenen Amtes den Gesetzen, Verordnungen und Dienstvorschriften entsprechend gewissenhaft wahrzunehmen und
2. sich durch sein Verhalten in und außer dem Amte der Achtung, die sein Beruf erfordert, würdig zu erweiten.

Während die erstgenannte Pflicht erst durch die besonderen Pflichten jedes Beamten ihre nähere Präzisierung erhält und uns daher hier nicht weiter beschäftigen kann wird es angezeigt sein, auf die Pflicht des achtungswürdigen Verhaltens an dieser Stelle näher einzugehen; denn diese Bestimmung, die aus Artikel 1 RDG. herübergenommen worden ist und sich auch wörtlich in § 10 RBG. findet, hat allzeit zu lebhaften Erörterungen Anlaß gegeben. Es wurde insbesondere betont, daß diese Begriffsbestimmung viel zu vag und unbestimmt sei, und befürchtet, daß hiedurch der Beamte in der Ausübung seiner allgemeinen staatsbürgerlichen Rechte gehemmt und in der Betätigung seiner politischen Überzeugung beengt werden könnte; trotz aller Bemühungen ließ sich jedoch eine bestimmtere Fassung nicht finden.

Der Statuierung der Pflicht zu achtungswürdigem Verhalten liegen folgende Erwägungen zugrunde. Die Achtung vor den Staatseinrichtungen, das Vertrauen zum Staat und seinen Beamten sinkt beim Volk, wenn es sieht, daß ein Beamter, in dem es den Repräsentanten der Staatsgewalt erblicken sollte, in seinen Handlungen oder Unterlassungen oder überhaupt in seinem ganzen Verhalten die Grenzen überschreitet, die ihm als Staatsbürger und besonders im Hinblick auf seine Stellung als Beamter Gesetz, Sitte oder Anstand vorschreiben. Der Maßstab ist ziemlich streng und für verschiedene Kategorien von Beamten verschieden. Als Beispiele wurden bei den Ausschußverhandlungen über das RDG. erwähnt: Gründungen schwindelhafter Natur, leichtsinniges zur Zahlungsunfähigkeit führendes Schuldenmachen, fortgesetzter vertrauter Umgang mit Personen der niedrigsten Volksklassen in Gasthäusern oder sonstiges anstößiges Benehmen in der Öffentlichkeit, gewohnheitsmäßige Trunkenheit, Anleihen bei Untergebenen usw.

Natürlich gehören nicht alle kriminell zu bestrafenden Handlungen oder Unterlassungen hierher; diese kommen vielmehr nur insoweit in Betracht, als durch sie das Ansehen des Beamten nach dem Urteil der Allgemeinheit gemindert wird, was z. B. nicht der Fall ist, wenn ein Beamter zu einer Geldstrafe verurteilt wird, weil er als Radfahrer nicht die vorgeschriebene Straßenseite eingehalten hat. Aber auch schwerere Kriminalstrafen beeinträchtigen nicht notwendig die Achtung, die das Amt erfordert; z. B.: Ein Beamter hat als Hausbesitzer fahrlässig unterlassen, dafür zu sorgen, daß bei Glatteis das Trottoir vor seinem Haus mit Sand bestreut wird; jemand ist deswegen zu Fall gekommen und hat sich sehr erhebliche Verletzungen zugezogen; der Beamte wird vielleicht zu einer nicht unbedeutenden Gefängnisstrafe verurteilt. Ähnlich liegen die Verhältnisse vielfach bei fahrlässiger Tötung, beim Zweikampf usw. Anderseits wird kein Zweifel darüber bestehen, daß eine Verurteilung eines Beamten wegen Betrugs, wenn auch nur zu dem Strafminimum, der Achtung des Beamten Abbruch tut.

Aus diesen Beispielen ergibt sich, daß die Tatsache einer kriminellen Verurteilung und die Höhe einer etwaigen Kriminalstrafe nicht ohne weiteres einen Rückschluß auf die Achtungswürdigkeit des Beamten gestatten; diese ist vielmehr mit Rücksicht auf die Verkehrsanschauung in jedem Fall besonders zu prüfen.

Von besonderer Wichtigkeit ist die Frage, ob das Verhalten des Beamten in wissenschaftlicher, politischer oder religiöser Beziehung den Beamten der Achtung unwürdig machen kann, die das Amt erfordert. Die Frage läßt sich nicht ohne weiteres beantworten, ist jedoch im allgemeinen zu verneinen; keinesfalls kann in der Ausübung des politischen Wahlrechtes ein Dienstvergehen erblickt werden[1]). Das Bekenntnis einer politischen, wissenschaftlichen oder religiösen Ansicht kann an sich im allgemeinen die Achtung nicht verletzen, die das Amt erfordert. Auch die bayerische Verfassungsurkunde sichert allen Bayern in ihren Einleitungsworten Freiheit der Gewissen und Freiheit der Meinungen mit gesetzlichen Beschränkungen gegen den Mißbrauch zu; Titel IV § 9₁ garantiert ausdrücklich die Gewissensfreiheit.

Dies alles schließt jedoch nicht aus, daß die Art und Weise, wie der Beamte seine Meinung bekundet und betätigt, sehr wohl zu einem unwürdigen Verhalten ausarten kann. Während z. B. die bloße Zugehörigkeit zur sozialdemokratischen Partei ein dienststrafrechtliches Einschreiten nicht begründet, kann in einer maßlosen Bekämpfung der staatlichen Einrichtungen, in einer zügellosen Propaganda für die Auflösung unserer staatlichen Ordnung sehr wohl ein Anlaß hiezu erblickt werden. Die Bekundung anarchistischer Ideen verpflichtet ohne jeden Zweifel zu dienststrafrechtlichem Einschreiten gegen einen Beamten. (Ähnlich Reindl S. 68.) In religiöser Beziehung ist hier an die Bekundung und Verbreitung solcher religiöser Ideen zu denken, welche z. B. das Steuerzahlen als etwas Sündhaftes erklären oder den Meineid oder andere Verbrechen, die der Staat bestraft, als erlaubt hinstellen. Praktisch werden solche Fälle außerordentlich selten sein. In wissenschaftlicher Beziehung wird ebenfalls höchst selten ein Anlaß zu dienststrafrechtlichem Einschreiten gegeben sein; denn die Wissenschaft ist frei. Es wird sich daher im allgemeinen nur um solche Fälle handeln, daß jemand Ideen vertritt oder in die Tat umsetzt oder verbreitet, in deren Bekämpfung der Staat eine seiner notwendigen Aufgaben erblickt und erblicken muß; z. B.: jemand predigt das Gemeineigentum und erklärt es als Recht und Pflicht eines jeden, den Zustand des Gemeineigentums dadurch herbeiführen zu helfen, daß er die Eigentumsrechte anderer fortgesetzt stört. Nur solche ganz extreme Fälle gehören hierher. Keineswegs darf aber Artikel 11 BG. dazu benützt werden, die Freiheit der Wissenschaft auch nur im geringsten zu unterbinden. —

Das Beamtengesetz lehnt es ab, die einzelnen Dienstvergehen aufzuzählen und ihre Tatbestände genau zu fixieren, „da es unmöglich ist, die verschiedenen Arten von Verfehlungen gegen die Beamtenpflichten mit abschließender Vollständigkeit nach ihren Tatbestandsmerkmalen genau zu bestimmen und da die einzelne dienstwidrige Handlung des Beamten nicht lediglich für sich allein, sondern im Zusammenhalt mit dem gesamten dienstlichen und außerdienstlichen Verhalten des Beamten wird beurteilt werden müssen“ (Begründung Seite 196).

Auf demselben Standpunkt steht das Reichsbeamtengesetz (§ 72), das württembergische (Artikel 69) und badische Beamtengesetz (§ 91).

Dieser Standpunkt ist völlig zu billigen; denn es ist in der Tat unmöglich, eine auch nur einigermaßen erschöpfende Aufzählung der Dienstvergehen zu geben. Auch ein anderer Grund läßt das Fehlen besonderer disziplinarrechtlicher Tatbestände nicht vermissen. Der einzelne Fall kann so verschieden gelagert sein, daß er bald mit einer gelinden, bald mit einer sehr schweren Strafe geahndet werden soll; wollte das Gesetz also besondere Tatbestände einführen, so müßte es trotzdem sehr weite Strafrahmen vorsehen, um allen Fällen Rechnung zu tragen (vgl. Kanngießer Seite 154). Endlich würde auch die bedeutende Verschiedenheit der Beamtenkategorien hindernd im Wege stehen.

---

1) Zustimmend äußern sich insbesondere Kanngießer Seite 154, Laband 2. Auflage 1888, Band 1 Seite 466; vgl. Bachem im Staatslexikon, 3. Auflage 1908, Band 1 Seite 1295 f., welcher einen Unterschied zwischen Regierungs- und Wirtschaftsbeamten machen will.

Es war also geboten, den Begriff des Dienstvergehens allgemein im Gesetz festzulegen, im übrigen aber von der Einführung besonderer disziplinarstrafrechtlicher Tatbestände abzusehen (ähnlich Begründung des RDG., Verh. d. K. d. Abg. 1879/80, Beilagen Band IX Seite 588).

§ 7.

Dienststrafen. Allgemeines. Unterschied zwischen Ordnungs- und Disziplinarstrafen.

Die Dienststrafen scheiden sich in zwei Gruppen: Ordnungsstrafen und Disziplinarstrafen. Der Unterschied zwischen diesen beiden Arten von Dienststrafen ist kein wesentlicher, sondern ein willkürlicher, kein innerer, sondern nur ein äußerer. Als Ordnungsstrafen werden die leichteren, als Disziplinarstrafen die schwereren Dienststrafen bezeichnet; entsprechend der Schwere und Bedeutung der Strafen werden die Ordnungsstrafen in einem einfacheren, summarischen Verfahren von den vorgesetzten Behörden, die Disziplinarstrafen in einem streng geregelten, mit weitgehenden Garantien umgebenen Verfahren von besonderen, unabhängigen Gerichten verhängt. Und darin liegt die eminente praktische Bedeutung des Unterschieds zwischen Ordnungs- und Disziplinarstrafen.

Das Strafensystem des bayerischen Dienststrafrechts ist so gewählt, daß sich sämtliche Strafen gegen Ehre oder Vermögen richten; eine Beeinträchtigung der persönlichen Freiheit, wie sie bisher nach § 12 der IX. Verfassungsbeilage und nach zahlreichen Sonderbestimmungen (z. B. § 35 der Gerichtsvollzieherordnung vom 16. Dezember 1899) zulässig war, ist aus dem System der Dienststrafen ausgeschlossen worden. Eine Konsequenz hievon ist, daß nicht gestattet ist, nicht beitreibbare Geldstrafen in Freiheitsstrafen umzuwandeln. Diesen Standpunkt halte ich für richtig; es widerspricht meines Erachtens den modernen Anschauungen, die die persönliche Freiheit mit den weitestgehenden Garantien umgeben, wegen eines Dienstvergehens im Disziplinarweg Freiheitsstrafen zu verhängen. Nach preußischem Recht ist gegen Unterbeamte Arreststrafe zulässig; sie soll sich dort wegen ihrer schnellen Vollstreckbarkeit bei ungehorsamen und nachlässigen Unterbeamten bewährt haben; auch wird ihr nachgerühmt, daß sie nicht wie die Geldstrafe die unschuldige Familie des Beamten treffe. Das hindert mich aber nicht, sie als total veraltet zu bezeichnen; wie gesagt, es muß dem modernen Empfinden gänzlich widersprechen, wenn von mancher Seite (z. B. Brand Seite 137) die Einführung der Arreststrafe als Disziplinarstrafe auch in außerpreußischen Disziplinarrechten befürwortet wird. (Ebenso gegen die Freiheitsstrafen im Disziplinarrecht Kanngießer Seite 158 und Begründung des RDG. Seite 589.)

Versetzung in den Ruhestand mit Pension konnte nicht als Disziplinarstrafe eingeführt werden, ebensowenig die vorläufige Dienstenthebung; denn es liegt nicht im Interesse der Beamten, die ehrenvoll ihre Dienstzeit zurückgelegt haben, einem Beamten gleichgestellt zu werden, der wegen disziplinärer Verfehlungen aus dem aktiven Dienst ausgeschieden ist (vgl. Motive zum RBG. Seite 74); was die vorläufige Dienstenthebung betrifft, so erscheint es, wenn schon das Vorgehen des Beamten so groß ist, daß seine Entfernung angebracht ist, nicht gerechtfertigt, ihm dafür, daß er aus seinem Verschulden keine Dienste mehr leistet, unter Umständen sehr hohe Geldbeträge auszubezahlen.

Die ohne Förmlichkeit von Dienstaufsichts wegen ausgesprochenen Rügen, Mahnungen, Zurechtweisungen, Warnungen und Zwangsstrafen (Artikel 103, 104 BG.) sind nicht Dienststrafen im Sinne des BG. (Begründung Seite 195, Brand Seite 137, Pieper Seite 343).

Das System der Dienststrafen gestaltet sich nach bayerischem Beamtenrecht wie folgt:

I. Ordnungsstrafen:
  a) Verweis,
  b) Geldstrafe;

II. Disziplinarstrafen:
  a) Strafversetzung,
  b) Dienstentlassung.

Die vorliegende Arbeit beschränkt sich zwar auf die Darstellung des Disziplinarstrafrechts; gleichwohl sind aber auch die Ordnungsstrafen hier aus zwei Gründen in Kürze zu berühren:

1. Findet das Disziplinargericht auf Grund des Ergebnisses der Beweisaufnahme, daß nur eine Ordnungsstrafe zu verhängen sei, so hat es sofort selbst auf die Ordnungsstrafe zu erkennen (Artikel 148_2 BG.).
2. Dienstvergehen wegen Zuwiderhandlung gegen die Vorschrift des Artikels 16 BG. werden im Disziplinarstrafverfahren abgeurteilt, auch wenn sie nur eine Ordnungsstrafe begründen (Artikel 118 Satz 2 BG.).

Dagegen scheidet die Darstellung des Ordnungsstrafverfahrens völlig aus; es sei lediglich auf Artikel 117 BG. und §§ 16—18 der Verordnung, den Vollzug des Beamtengesetzes betreffend, vom 10. Dezember 1908 (GVBl. Seite 1041) verwiesen.

§ 8.

Die Ordnungsstrafen.

Das BG. kennt zwei Arten von Ordnungsstrafen: Verweis und Geldstrafe.

Der Verweis kann mündlich oder schriftlich erteilt werden. Hievon ist Notiz zum Personalakt zu nehmen. Erfolgt die Verurteilung zur Strafe des Verweises durch ein Disziplinargericht, so hat dieses den Verweis nicht selbst zu erteilen, sondern es ist auch in diesem Fall die zuständige Dienstbehörde hiezu berufen.

Geldstrafe kann bis zum Betrage des einmonatigen Gehalts verhängt werden. Hiebei ist das persönliche pensions- und nichtpensionsfähige Diensteinkommen unter Ausschluß aller Entschädigungen für Dienstaufwand der Berechnung zugrunde zu legen. Bekleidet der Beamte gleichzeitig ein Haupt- und Nebenamt, so ist zu unterscheiden:

a) Das Nebenamt steht in inniger Beziehung zum Hauptamt. (Beispiel: Ein Gymnasialprofessor erteilt den Stenographieunterricht an der Anstalt, an der er beschäftigt ist.) In diesem Falle ist das Diensteinkommen für das Haupt- und Nebenamt zusammenzurechnen, um den Betrag der Geldstrafe bestimmen zu können.

b) Das Nebenamt hängt nicht mit dem Hauptamt zusammen. (Beispiel: Ein Amtsrichter, der sich für Meteorologie interessiert, fungiert als äußerer Beobachter einer metereologischen Station.) In diesem Fall ist nur das Einkommen des Amtes zu berücksichtigen, dessen vorgesetzte Dienstbehörde die Strafe verhängt. (Anderer Ansicht, nämlich daß stets das Einkommen des Haupt- und Nebenamts zusammenzurechnen ist, das preußische Oberverwaltungsgericht in einer Entscheidung vom 17. Juni 1893, Band 25 Seite 412, ferner Pieper Seite 344; hingegen mit Recht Perels und Spilling Seite 158.)

Beim Zusammentreffen mehrerer Dienstvergehen darf der Höchstbetrag der Geldstrafe nicht überschritten werden (Artikel 107_2 BG).

Die Geldstrafen werden den Wohlfahrtseinrichtungen für die Beamten zugewendet (Artikel 107_3 BG.).

§ 9.

Die Strafversetzung.

Die Strafversetzung ist praktisch unentbehrlich, wenn auch nicht geleugnet werden kann, daß ihr verschiedene Mängel anhaften. Sie ist notwendig als Mittelstufe zwischen den Ordnungsstrafen und der schwersten aller Dienststrafen, der Dienstentlassung; denn bei Verfehlungen, die mit Ordnungsstrafen nicht genügend geahndet sind, müßte sonst auf Dienstentlassung erkannt werden, während in den meisten Fällen wohl eine geringere Strafe hinreichend ist. Sie eignet sich besonders für Fälle, in welchen die dem Beamten zur Last fallende Verletzung der Dienstpflicht mehr lokaler Natur ist und nur die Entfernung von einem bestimmten Ort notwendig macht. (Motive zum RBG., Seite 74). Anderseits bringt sie auch nicht unbedeutende Nachteile mit sich. Naturgemäß wird die Strafversetzung an einen Ort erfolgen, der nicht gerade zu den angenehmsten zählt; wiederholen sich Strafversetzungen an diesen Ort, so werden die dortigen Behörden gewissermaßen zu Ämtern zweiter Klasse gestempelt. Darunter muß die Berufsfreudigkeit der dortigen Beamten leiden. Weiterhin kann nicht verkannt werden, daß das Ansehen und die Autorität eines Beamten erheblich sinken muß, wenn bekannt wird, daß er zur Strafe auf dieses Amt versetzt wurde. (Ebenso Kanngießer Seite 161, Pieper Seite 347.)

Allein diese Bedenken vermögen doch nicht die Vorteile der Einführung der Strafversetzung als Disziplinarstrafe aufzuwiegen; sie wurde daher auch im bayerischen Recht beibehalten.

Artikel 109 BG. unterscheidet zwei Arten von Strafversetzung:

1. Die Strafversetzung im engeren Sinne, das heißt die Versetzung auf eine Amtsstelle mit gleichem Rang und gleichem Gehalt, und
2. die Degradation oder die Versetzung auf eine Amtsstelle mit geringerem Rang und geringerem Gehalt.

Mit keiner dieser beiden Arten der Strafversetzung darf die Versetzung nach Artikel 9_1 BG. verwechselt werden.

1. Die Strafversetzung im engeren Sinn.

Die Strafe besteht hiebei:

a) in der Beschämung, die jede Strafversetzung mit sich bringt;

b) in den Kosten des Umzugs, falls die Versetzung auf einen anderen Ort erfolgt, da die Umzugskosten nicht vergütet werden (Artikel 109_4 BG.);

c) meist auch in der Schädigung der Interessen des Beamten durch den Vollzug der Versetzung. Ich verstehe hierunter folgendes: Ein Beamter hatte z. B. bei seiner Ernennung gebeten, er möge auf ein Amt an einem bestimmten Ort ernannt werden oder er hat sich freiwillig an einen bestimmten Ort versetzen lassen und wird nun an einen anderen Ort versetzt. Oder: Der Beamte hatte seinen Amtssitz an einem Ort, an dem sich eine Erziehungsanstalt für seine Kinder befindet, während sein neuer Amtssitz keine solche Anstalt aufzuweisen hat. Oder: Der Beamte war an einem Ort, der wegen seines Charakters als Großstadt oder Kurort oder wegen seiner Lage oder wegen günstiger Arrondierung des Amtsbezirks besonders beliebt war, und er wird nun an einen Ort versetzt, der solche Vorzüge nicht aufzuweisen hat. In allen diesen und einer Reihe weiterer Fälle wird sich der Wechsel des Amtes für den Beamten sehr fühlbar machen. — Allerdings läßt sich, wie Perels und Spilling Seite 160 betonen, nicht leugnen, daß es für den

Beamten, wenn ihm nicht jedes Ehrgefühl abhanden gekommen ist, beinahe eine Wohltat sein muß, von dem Ort seiner bisherigen Tätigkeit, wo sein Disziplinarvergehen jedenfalls bekannt geworden ist, fortzukommen.

Die Strafversetzung im engeren Sinne setzt voraus, daß das neue Amt denselben Rang und denselben Gehalt wie das alte verleiht; hiebei kommt jedoch nicht der persönliche Rang des Beamten, sondern der dienstliche Rang des Amtes in Betracht. Dieser ist nicht etwa mit der Klasseneinteilung der Gehaltsordnung identisch, sondern bestimmt sich nach der Verordnung vom 23. Dezember 1908, betreffend die Rangverhältnisse der Beamten (GVBl. Seite 1211), und der dieser Verordnung beigegebenen Rangordnung. Es genügt nicht, daß dem Beamten sein bisheriger höherer Rang vorbehalten wird, sondern es ist erforderlich, daß das neue Amt an sich schon mit demselben Rang verbunden ist. (Ebenso Brand Seite 63.) Es ist z. B. keine Strafversetzung im engeren Sinne, sondern eine Degradation, wenn ein Rat einer Kreisregierung auf die Stelle eines Bezirksamtmannes unter Belassung des Titels „Regierungsrat" versetzt wird. (Vgl. Reindl S. 55.) Wenn das Gesetz verlangt, daß die neue Stelle denselben Gehalt gewähren muß, so ist hier unter „Gehalt" nur der in der Gehaltsordnung für die betreffende Amtsstelle vorgesehene Gehalt zuverstehen; unberücksichtigt sind demnach die Vergütungen für Dienstaufwand, Verweserzulagen nach Artikel 27_2 BG., Vergütungen für die Verwaltung eines Nebenamts, Kollegiengelder, Anteile an Gebühren usw. zu lassen. Anderseits muß die neue Amtsstelle auch die gleichen Aussichten auf Gehaltsvorrückung in dieser Stelle gewähren wie die bisherige (Begründung Seite 92).

Da die Strafversetzung, wie schon der Name sagt, eine Strafe sein soll und entgegenstehende Spezialvorschriften nicht bestehen, ist es nicht notwendig, daß die neue Amtsstelle der Berufsbildung des Beamten entspricht. Dies ergibt sich auch aus dem praktischen Bedürfnis; wenn sich z. B. bei einem Kassenbeamten ein Defizit ergibt, das auf sein Verschulden zurückzuführen ist, und auf Strafversetzung im engeren Sinn erkannt wird, dürfte es sich in den meisten Fällen empfehlen, dem Beamten nicht wieder eine Kassenstelle zu übertragen, sondern ein anderes Amt.

Die Übertragung der neuen Amtsstelle muß in etatsmäßiger Weise erfolgen. Dies ergibt sich aus folgender Erwägung. Die Strafversetzung als Disziplinarstrafe kommt nur gegenüber den unwiderruflichen Beamten zur Anwendung, da die widerruflichen, also auch alle nichtetatsmäßigen Beamten, durch einfache Verwaltungsverfügung auf eine andere Stelle versetzt werden können. Die unwiderruflichen Beamten können aber nur durch Disziplinarurteil ihres Amtes enthoben werden. Würde man nun annehmen, daß infolge der Strafversetzung dem Beamten auch eine Amtsstelle in nichtetatsmäßiger Weise übertragen werden kann, so käme man zu der Konsequenz, daß er von nun an jederzeit, ohne daß es eines Disziplinarurteils bedürfte, aus dem Dienst entlassen werden könnte; sind doch alle nicht etatsmäßigen Beamten jederzeit widerrufliche Beamte (Artikel 6_5 BG.). Hieraus ergibt sich, daß einem unwiderruflichen Beamten im Falle der Strafversetzung die neue Amtsstelle stets in etatsmäßiger Weise übertragen werden muß.

Die Strafversetzung braucht nicht notwendig an einen anderen Ort zu erfolgen, sie kann auch auf ein Amt am bisherigen Dienstort stattfinden.

Das Disziplinargericht hat nur auszusprechen, daß der Beamte auf ein anderes Amt mit gleichem Rang und Gehalt zu versetzen ist. Die Bestimmung des neuen Amtes sowie des Zeitpunktes, in dem die Veränderung einzutreten hat, obliegt dem einschlägigen Ministerium bezw. der von diesem ermächtigten Behörde; handelt es sich um einen Beamten der Klassen 1—13 der Gehaltsordnung, so erfolgt die Strafversetzung durch Entschließung des Königs, wobei dem zuständigen Ministerium das Vorschlagsrecht zukommt (§ 2 Absatz 1, 2 der Verordnung vom 10. Dezember 1908, den Vollzug des Beamtengesetzes betreffend, GVBl. Seite 1041).

Die Strafversetzung solcher Beamten, deren es in Bayern nur einen gibt, wird unter Umständen, nämlich wenn für die Amtsstelle, die der Beamte bisher innehatte, eine spezifische Sachkenntnis erforderlich ist, große Schwierigkeiten bereiten.

Auf die Gehaltsvorrückung, auf die Berechnung des Vorrückungsdienstalters und der pensionsfähigen Dienstzeit ist die Strafversetzung als solche ohne jeglichen Einfluß, natürlich abgesehen von der allgemeinen Vorschrift (Artikel 32 BG.), daß, solange gegen einen Beamten ein Dienststrafverfahren schwebt, die Gehaltsvorrückung ausgesetzt bleibt; selbstverständlich kann auch von der Befugnis des Artikels 31_1 BG. Gebrauch gemacht werden.

Mit der Strafversetzung kann, falls diese an sich nicht genügend erscheint und nicht auf Degradation oder Dienstentlassung erkannt werden will, eine Geldstrafe fakultativ verbunden werden (Artikel 109_2 BG.), welche den dritten Teil des zuletzt bezogenen Jahresgehalts nicht übersteigen darf, während sie nach unten nicht begrenzt ist. Geldstrafe und Gehalt sollen, wie sich schon aus der Bezugnahme auf den Jahresgehalt ergibt, nach der Absicht des Gesetzes zu einander im Verhältnis stehen. Wenn daher zwei Beamte wegen derselben Tat abgeurteilt und in gleichem Maße für schuldig befunden werden, so wird gegen den einen, der z. B. einen doppelt so hohen Gehalt bezieht wie der andere, auf eine doppelt so hohe Strafe zu erkennen sein wie gegen den anderen. Dies ist auch eine Forderung der Gerechtigkeit. Um jedoch zum Ausdruck zu bringen, daß in diesem Fall die höhere Strafe nicht dem höheren Grad der Schuld entspricht, wird es zweckmäßig sein, die Höhe der Geldstrafe nicht in absoluten Beträgen, sondern in Prozenten des zuletzt bezogenen Gehalts auszudrücken.

Sollte sich die Geldstrafe als nicht beitreibbar erweisen, was nach den Vorschriften über die Vollstreckung der Dienststrafen — hievon weiter unten — nicht allzu oft vorkommen wird, so darf sie nicht in eine Freiheitsstrafe umgewandelt werden (Artikel 163_4 BG.).

2. Die Degradation.

Diese Dienststrafe ist in den Beamtengesetzen des Reichs, Preußens, Sachsens und Württembergs nicht vorgesehen. Für die Ablehnung der Degradation im Reichsbeamtenrecht war die Erwägung maßgebend, daß sie der Amtsehre schadet, indem sie den Degradierten in den Augen des Publikums herabsetzt und die unteren Kategorien des Dienstes gleichsam als Strafklassen erscheinen läßt. (Thudichum Seite 309). Die Degradation wurde vom bayerischen Beamtengesetz in der Erwägung aufgenommen, daß „ihre Aufrechterhaltung zunächst im dienstlichen Interesse angezeigt erscheint, weil dadurch eine größere Auswahl unter den bei der Versetzung in Betracht kommenden Stellen gegeben ist, was namentlich für Dienstzweige von Bedeutung ist, in denen die Zahl der fü reine Versetzung in Frage kommenden Stellen nur eine beschränkte ist". „Die Möglichkeit der Verhängung dieser Strafe kann übrigens mitunter geradezu im Interesse des Beamten liegen, weil durch die Versetzung auf eine geringere Stelle unter Umständen die sonst erforderliche für den Beamten wie für die Familie ungleich empfindlichere Strafe der Dienstentlassung umgangen werden kann. Die Strafe der Degradation wird sich häufig als letztes, schärfstes Strafmittel vor dem Übergang zum äußersten Mittel der Dienstentlassung als zweckmäßig erweisen" (Begründung Seite 197).

Die Strafe besteht in den oben unter b) und c) aufgeführten Momenten, wozu eine viel größere Beschämung und eine unter Umständen sehr bedeutende finanzielle Einbuße kommt. Das juristisch Eigentümliche an dieser Strafe ist, daß sie keine bestimmte Strafe ist; denn wenn auch im Urteil des Disziplinargerichts ausgesprochen wird, daß der Beamte auf eine Amtsstelle mit geringerem Gehalt und geringerem Rang zu versetzen ist, so ist damit noch nicht gesagt, ein Amt welchen Ranges und welchen Gehalts er erhält. Das Amt und den Zeitpunkt der Degradation bestimmt auch in diesem Fall der König oder das Ministerium oder die von diesem ermächtigte Behörde. Erst durch diese Entscheidung wird die Strafe eine bestimmte; die Strafvollstreckungsbehörde hat also hier wenigstens teilweise die Schwere der Strafe festzusetzen.

Hervorzuheben ist, daß Versetzungen unwiderruflicher Beamter auf Amtsstellen mit gleichem Rang und niedrigerem Gehalt oder gleichem Gehalt und geringerem Rang (Bezirksamtmann — Regierungsassessor; außerordentlicher Universitätsprofessor — Gymnasialprofessor) weder als Strafversetzungen im engeren Sinn noch als Degradationen nach dem Wortlaut des Gesetzes zulässig sind.

Auch bei der Degradation muß die neue Amtsstelle in etatsmäßiger Weise übertragen werden.

Was die Gehaltsverhältnisse eines degradierten Beamten anlangt, so ist folgendes zu bemerken: Nach der Degradierung erhält der Beamte den Gehalt der neuen niedrigeren Amtsstelle; die Gehaltsminderung tritt jedoch nicht mit dem Moment der Rechtskraft des Urteils, sondern mit dem Zeitpunkt ein, von dem an die verfügte Degradation wirksam wird (ebenso Perels und Spilling Seite 160). Die Zeit, die der Beamte früher in dieser oder in höheren Gehaltsklassen zugebracht hat, wird bei der Berechnung des Gehalts und der Vorrückungen nicht gezählt; er muß bei dem Anfangsgehalt dieser Gehaltsklasse, in die er versetzt wurde, beginnen; denn andernfalls würde die Gehaltsminderung unter Umständen eine ungewollt geringfügige sein.

Die Gehaltsminderung darf den 5. Teil des zuletzt bezogenen Jahresgehalts nicht übersteigen (Artikel 109_3 BG.); würde trotzdem dem Beamten ein geringerer Gehalt angewiesen, so könnte er nötigenfalls remonstrieren, aber nicht im Rechtsweg die Zuweisung eines höheren Gehalts verfolgen (Artikel 178 Ziffer 4 BG.).

Bei der Berechnung des Wartegeldes oder Ruhegehalts eines degradierten Beamten ist dessen gesamte Dienstzeit (ohne Rücksicht auf die Degradation) zu grunde zu legen; dagegen ist der Ruhegehalt und das Wartegeld stets aus dem zuletzt bezogenen Diensteinkommen zu berechnen, auch wenn der Beamte früher im Genuß eines höheren Gehalts stand (ebenso Pieper Seite 348).

§ 10.

Die Dienstentlassung.

Unter „Dienstentlassung" ist hier nicht die auf Ansuchen des Beamten gewährte Lösung des Staatsdienstverhältnisses (Artikel 10 BG.), sondern die Lösung des Dienstverhältnisses zur Strafe zu verstehen. Unwiderruflichen Beamten gegenüber kann sie nur im Weg des Urteils erfolgen.

Fälle des Amtsverlustes durch Kriminalurteil sind in §§ 31, 32, 33, 35, 81, 83, 84, 87, 88, 89, 90, 91, 94, 95, 128, 129, 319, 331, 339, 340, 341, 352, 353, 354, 355, 357, 358 StGB. und §§ 43, 153 MStGB. enthalten. Diese Fälle interessieren hier nicht weiter.

Hier haben wir uns nur mit der Dienstentlassung durch Disziplinarurteil zu beschäftigen.

Die Dienstentlassung ist die schwerste Strafe des Disziplinarrechts, sie ist die Todesstrafe des Disziplinarrechts. Wie die Todesstrafe den Verbrecher aus der Gemeinschaft der Menschen ausstößt, so entfernt die Dienstentlassung den Täter aus der Reihe der Personen, für die das Disziplinarrecht Geltung hat.

Die Dienstentlassung kann nur darauf gestützt werden, daß ein Beamter seine Dienstpflicht besonders schwer verletzt hat; sie kann nicht deswegen verhängt werden, weil zwar nur ein geringeres Dienstvergehen, aber auch Dienstunfähigkeit vorliegt (vgl. Entscheidungen des preußischen Oberverwaltungsgerichts Band 18, Seite 429).

Selbstverständlich kann die Dienstentlassung auch dann ausgesprochen werden, wenn die Gründe eines vorher ergangenen Kriminalurteils besagen, daß zur Aberkennung der bürgerlichen Ehrenrechte oder der bekleideten öffentlichen Ämter kein Anlaß besteht (vgl. Brand Seite 140).

Die Wirkungen der Dienstentlassung sind folgende: Aufhören sämtlicher aus dem Dienstverhältnis sich ergebenden Rechte und Pflichten mit Ausnahme der Pflicht zur Wahrung des Amtsgeheimnisses, welche auch fortdauert, wenn das Dienstverhältnis gelöst ist (Artikel 14 BG.). Daß mit der Dienstentlassung alle Pflichten des Beamten mit der angegebenen Ausnahme erlöschen, ist selbstverständlich; weniger klar erscheint dies bezüglich einzelner Rechte. Es sei daher besonders betont, daß mit der Dienstentlassung erlischt

a) jeglicher Anspruch auf Gehalt, Wartegeld, Ruhegehalt usw.; die Dienstwohnung ist jedoch erst nach einer von der zuständigen Dienstbehörde zu bestimmenden angemessenen Frist zu räumen (Artikel 37_5 BG.). Die Ansprüche auf Gehalt usw. erlöschen jedoch nur insoweit, als sie aus dem Dienstverhältnis stammen, aus dem durch das Disziplinarurteil der Beamte entlassen worden ist. Hat er einen Anspruch auf Pension oder Wartegeld aus einem anderen Dienstverhältnis, aus dem er durch das Urteil nicht entlassen worden ist, so wird dieser Anspruch durch das Disziplinarurteil nicht berührt. Hat der Bezug dieses Einkommens während des Dienstverhältnisses, das nun durch Urteil beendigt worden ist, geruht (Artikel 44 Ziffer 3, 66 Ziffer 2 BG.), so wird von der Rechtskraft des Disziplinarurteils an das Wartegeld oder der Ruhegehalt aus dem älteren Dienstverhältnis in voller Höhe bezahlt, stets vorausgesetzt, daß sich das Disziplinarurteil nicht auch ausdrücklich auf das frühere Dienstverhältnis erstreckt (ebenso Pieper Seite 349, Perels und Spilling Seite 162). Ob Ansprüche gegen eine auf privatrechtlicher Grundlage beruhende Beamtenpensionskasse dadurch berührt werden, hängt von den Satzungen eines solchen Privatinstituts ab (RG. 8. Dezember 1885 in Bolze, Praxis des RGZ. Band 2 Nummer 1341; Pieper Seite 348). Es erlöschen weiter

b) jeglicher Anspruch auf Witwen- und Waisenversorgung;

c) das Recht zur Führung des Amtstitels; der Beamte ist insbesondere auch nicht mehr befugt, den bisherigen Titel mit dem Beisatz „außer Dienst" oder einem ähnlichen Beisatz zu führen (ebenso Perels und Spilling Seite 162);

d) der Rang, der dem Beamten bisher zugekommen ist;

e) das Recht zum Tragen der Uniform oder zur Führung sonstiger Dienstabzeichen.

Ist dem Beamten ein besonderer Titel verliehen worden, so wird zu unterscheiden ein: Ist der Titel dem Beamten aus Gründen verliehen worden, die mit dem Amt nicht zusammenhängen, so bleibt er auch nach der Dienstentlassung berechtigt, diesen Titel zu führen; andernfalls erlischt das Recht zur Führung dieses Tites mit der Rechtskraft des Disziplinarurteils.

Ordensauszeichnungen stehen nicht in so engem Zusammenhang zu dem Amt; es wird daher die Auffassung zutreffend sein, daß diese durch die Dienstentlassung nicht berührt werden. Schwierigkeiten ergeben sich hieraus nicht, weil Ordensauszeichnungen zurückgenommen werden können.

Die Dienstentlassung tritt kraft Gesetzes mit der Rechtskraft des Disziplinarurteils ein (ebenso Brand Seite 140, Pieper Seite 349; vgl. § 36 StGB., RGE. 42, 184). Im Augenblick der Erlassung eines solchen Urteils erfolgt kraft Gesetzes gemäß Artikel 171 Ziffer 3 BG. die vorläufige Enthebung vom Dienst.

Die Dienstentlassung schließt eine spätere Wiederanstellung nicht aus (ebenso Perels und Spilling Seite 162, Kanngießer Seite 162, Brand Seite 142, Pieper Seite 348, Reichsdisziplinarhof 20. Januar 1875, J. Nr. 10 bei Perels und Spilling a. a. O.), falls nicht ein rechtskräftiges auf Verlust der bürgerlichen Ehrenrechte oder der Fähigkeit zur Bekleidung öffentlicher Ämter lautendes Kriminalurteil vorliegt; in letzterem Fall müßte zuvor Begnadigung erfolgen.

Wird das auf Dienstentlassung lautende Disziplinarurteil im Wiederaufnahmeverfahren aufgehoben, so lebt dadurch nicht etwa das frühere inngehabte Amt ipso iure wieder auf, sondern es ist eine neuerliche Anstellung erforderlich (Brand Seite 146, Pieper Seite 367, Olshausen § 36 Anmerkung 2, Löwe § 413 Anmerkung 4a, Stenglein § 413 Anmerkung 4, RGE. 22, 40; 42, 281, 284, Gruchot 43, 1034).

Bekleidet ein Beamter neben dem Hauptamt noch ein Nebenamt, so ist bei der Prüfung der Frage, ob sich die Dienstentlassung auch auf das Nebenamt bezieht, zwischen folgenden Fällen zu unterscheiden:

a) Das Nebenamt ist dem Beamten nur für die Dauer der Bekleidung des Hauptamtes verliehen; in diesem Fall geht das Nebenamt von selbst mit dem Hauptamt verloren.

b) Das Nebenamt steht in besonderer Beziehung zu dem Hauptamt (vgl. das Beispiel bei der Lehre von den Ordnungsstrafen); hier geht das Nebenamt ebenfalls mit dem Hauptamt verloren.

c) Das Nebenamt steht in keiner Beziehung zum Hauptamt; dann hat der Verlust des Hauptamtes nicht auch den Verlust des Nebenamtes zur Folge (ebenso Perels und Spilling Seite 162, Reichsdisziplinarhof 20. Januar 1875, J. Nr. 10 bei Perels und Spilling a. a. O.). —

Lassen besondere Umstände eine mildere Beurteilung zu, so kann in dem Urteil des Disziplinargerichts ausgesprochen werden, daß dem Beamten vom Zeitpunkt seiner Entlassung an auf Lebenszeit oder auf unbestimmte Zeit als Unterhaltsbeitrag ein Teil des Ruhegehalts zu gewähren sei, den er anzusprechen hätte, wenn er im Zeitpunkt der Entlassung in den Ruhestand versetzt würde (Artikel 110_2 Satz 1 BG.). Solche Umstände brauchen nicht in dem besonderen Tatbestand des Disziplinarvergehens gefunden zu werden, sie können auch außerhalb dieses Tatbestandes liegen. Beispiele hiefür sind bisherige gute Führung, lange sonst tadellose Dienstzeit, früher erworbene besondere Verdienste, Teilnahme an Feldzügen, Armut, große unversorgte Familie, hohes Alter, Arbeitsunfähigkeit usw. (Brand Seite 141). Welcher Grund als vorliegend erachtet wurde, ist in den Urteilsgründen anzugeben.

Die Höhe des Unterhaltsbeitrags darf den Beitrag des Ruhegehalts nicht erreichen. Der Ruhegehalt ist nach den allgemeinen Bestimmungen (Artikel 52 ff. BG.) zu berechnen, wobei folgendes zu beachten ist.

Die Dienstzeit, welche bestimmt, welchen Prozentsatz des Gehalts die Pension beträgt, rechnet bis zur Erlangung der Rechtskraft des auf Dienstentlassung lautenden Disziplinarurteils. Wäre in die Zeit zwischen der Einleitung des Disziplinarverfahrens (Artikel 129_1 BG.) und der Rechtskraft des Disziplinarurteils eine Gehaltsvorrückung gefallen, so bleibt diese gemäß Artikel 32 BG. ausgesetzt. Der Berechnung des Ruhegehalts ist daher das pensionsfähige Diensteinkommen zu Grunde zu legen, welches der Beamte unmittelbar vor der Einleitung des Disziplinarverfahrens tatsächlich bezogen hat. Von der Anwendbarkeit des Artikel 52 verbunden mit Artikel 39_2 und 28_2 BG., wonach bei der Berechnung des Ruhegehalts in das pensionsfähige Diensteinkommen der Teilbetrag der nächsten Dienstalterszulage eingerechnet wird, der sich nach Maßgabe der seit der letzten Gehaltsvorrückung zurückgelegten Dienstzeit berechnet, kann in unserem Fall keine Rede sein.

Was die rechtliche Natur dieses Geldbezugs anlangt, so ist dieser, wie schon der Wortlaut des Gesetzes ergibt, nicht etwa ein Ruhegehalt („als Unterhaltsbeitrag ist . . . . zu gewähren"), sondern ein fortlaufender Bezug, den der Staat, hier vertreten durch das Disziplinargericht, dem Beamten, ohne eine Verpflichtung hiezu zu haben, zuerkennt. Dieser Beitrag ist eben eine Unterstützung. Die rechtliche Natur dieses Unterhaltsbeitrags könnte für das Reichsrecht zweifelhaft sein; denn dort (§ 75 RBG.) heißt es, daß dem Beamten . . . . ein Teil des gesetzlichen Pensionsbetrags auf Lebenszeit oder gewisse Jahre zu „belassen" ist. Hieraus folgert Kanngießer Seite 163, daß der Pensionsanspruch eben nur teilweise aberkannt wird. Auf demselben Standpunkt steht für das preußische Recht der preußische Gerichtshof zur Entscheidung der Kompetenzkonflikte in einer Entscheidung vom 12. Februar 1859. Dieser Auffassung ist mit Pieper Seite 355 zu widersprechen. Die Pension gibt lediglich den Maßstab für die Höhe des Unterhaltsbeitrags, hat sonst aber mit diesem nichts zu tun.

Die vermögensrechtlichen Ansprüche der Beamten aus dem Dienstverhältnis können gemäß Artikel 176 BG. und Artikel 26 Ziffer 1 AGzGVG. im Rechtsweg bei den Zivilkammern der Landgerichte verfolgt werden; hierunter fällt der eben erwähnte Unterhaltsbeitrag nicht; denn er wird zwar gewährt im Hinblick auf ein früheres Dienstverhältnis, ist aber nach vorstehenden Erörterungen nicht ein Anspruch des Beamten aus dem Dienstverhältnis, sondern eine durchaus freiwillige Leistung des Staates. Wird die Auszahlung des rechtskräftig festgesetzten Unterhaltsbeitrags verweigert, so findet hiegegen Beschwerde im Verwaltungswege statt.

Hinsichtlich der Pfändbarkeit dieses Unterhaltsbeitrags ist zunächst auf § 850_1 Ziffer 8 ZPO. zu verweisen, wonach das Diensteinkommen, der Ruhegehalt und das Wartegeld der Beamten bis zum Betrag von 1500 Mark überhaupt nicht, von dem Mehrbetrag aber nur der dritte Teil gepfändet werden kann. Da jedoch der Unterhaltsbeitrag kein Ruhegehalt, sondern eine freiwillige Leistung des Staates ist, bemißt sich die Pfändbarkeit nicht nach den angezogenen Bestimmungen, sondern nach § 850_1 Ziffer 3 ZPO.; es können hienach die fortlaufenden Einkünfte, die ein Schuldner auf Grund der Fürsorge und Freigebigkeit eines Dritten bezieht, der Pfändung nicht unterworfen werden, insoweit der Schuldner zur Bestreitung des notdürftigen Unterhalts für sich, seinen Ehegatten und seine noch unversorgten Kinder dieser Einkünfte bedarf.

Das Urteil des Disziplinargerichts kann unter der gleichen Voraussetzung, das heißt wenn die Umstände des Falles eine mildere Beurteilung zulassen, auch aussprechen, daß den Hinterbliebenen des aus dem Dienst entlassenen Beamten der Anspruch auf Versorgung ganz oder teilweise, mit oder ohne Zeitbeschränkung vorbehalten werde. Dieser Ausspruch ist unabhängig von dem ersteren; das Gericht kann also dem Beamten einen Unterhaltsbeitrag zusprechen, den Hinterbliebenen nicht, und umgekehrt. Die Höhe des Geldbezugs der Hinterbliebenen ist nach oben begrenzt durch den Betrag des Witwen- und Waisengeldes, das fällig gewesen wäre, wenn der Beamte im Zeitpunkt der Rechtskraft des Disziplinarurteils gestorben wäre. Auch hier ist von der Anwendung der Artikel 52, 39_2, 28_2 BG. keine Rede. Eine Begrenzung nach unten besteht nicht; denn Artikel 74_2 BG., der als Minimalbetrag des jährlichen Witwengeldes 300 Mark festsetzt, findet hier nicht Anwendung, da es sich um einen freiwilligen Unterhaltsbeitrag, nicht um das gesetzliche Witwen- und Waisengeld handelt.

Die Vorschrift des Gesetzes, daß der Anspruch auf Versorgung ganz oder teilweise vorbehalten werden kann, bezieht sich nicht nur auf die Höhe des Geldbezugs, sondern läßt auch zu, daß z. B. Witwenversorgung, aber nicht Waisenversorgung oder umgekehrt gewährt, ferner daß die Versorgung auf bestimmte Zeit beschränkt wird.

Die rechtliche Natur dieses Unterhaltsbeitrags an Hinterbliebene ist dieselbe wie beim Unterhaltsbeitrag an den Beamten. Die hieraus eben gezogenen Konsequenzen sind mutatis mutandis auch hieher zu beziehen.

Werden dem Beamten und den Hinterbliebenen Unterhaltsbeiträge zugesprochen, so brauchen diese unter sich nicht im Verhältnis des gesetzlichen Ruhegehalts zum gesetzlichen Witwen- und Waisengeld zustehen; das richterliche Ermessen ist lediglich an die angegebenen Beschränkungen nach oben gebunden, im übrigen aber völlig frei.

Hat das Urteil des Disziplinargerichts dem Beamten und bezw. seinen Hinterbliebenen Unterhaltsbeiträge nicht zuerkannt und liegen berücksichtigenswerte Verhältnisse vor, so kann trotzdem ausnahmsweise durch königliche Entschließung sofort oder später dem Beamten ein Unterhaltsbeitrag, der in der Regel die Hälfte des erdienten Ruhegehalts nicht übersteigen soll, und den Hinterbliebenen ein Unterhaltsbeitrag, der regelmäßig nicht größer als die Hälfte des Witwen- bezw. Waisengeldes sein soll, das sie erhalten hätten, wenn der Beamte im Zeitpunkt der Dienstentlassung gestorben wäre, gewährt werden (Artikel 110_3 BG.).

Dieser Fall unterscheidet sich von dem vorigen (Zubilligung durch Urteil) dadurch, daß dieser Beitrag jederzeit widerruflich ist, daß er auch später noch zuerkannt werden kann, durch königliche Entschließung gewährt werden muß und nur ganz ausnahmsweise Platz greifen soll.

Was unter den „berücksichtigenswerten Verhältnissen" zu verstehen ist, läßt sich im allgemeinen nicht näher angeben; die Menge der möglichen Fälle ist zu groß, als daß auch nur die wichtigsten hier erwähnt werden könnten. Es wird sich meist darum handeln, daß der Beamte oder seine Hinterbliebenen durch die Entziehung ihrer Bezüge in große Not gekommen sind, sich anderweit ohne Verschulden einen genügenden Erwerb nicht verschaffen konnten und nach Lage des Falls einer Unterstützung würdig erscheinen. Die Entscheidung liegt in allen Fällen beim König; das Ressortministerium hat das Gesuch zu instruieren und Bericht zu erstatten.

Zur Strafe entlassene Beamte sind bei eintretender Hilfsbedürftigkeit gleich ihren Frauen oder Witwen und Kindern auf Grund des Artikels 14_2 Heim.-G. nach Maßgabe des Gesetzes über die Armenpflege aus derjenigen Kasse zu unterstützen, aus der sie unter anderen Umständen eine Pension zu beziehen gehabt hätten. Diese Bestimmung ist subsidiär gegenüber der Unterstützungsvorschrift in Artikel 110 BG., das heißt die Unterstützungspflicht auf Grund des Heimats- und Armengesetzes besteht nur, insoweit die nach Artikel 110 BG. etwa zugesprochene Unterstützung hinter dem Betrag zurückbleibt, der nach dem Armengesetz zu leisten wäre.

Öffentliche Armenunterstützung im Sinne des § 33 GVG., § 3 des Reichstagswahlgesetzes, § 5 des Freizügigkeitsgesetzes, § 11 Gew.-GG. und § 10 Kaufm.-GG. ist der Unterhaltsbeitrag nach Artikel 110 BG. nicht.

§ 11.

Der Antrag.

Wie die Begründung des Entwurfs (zu Artikel 151) hervorhebt, ist der Zweck des Dienststrafrechtes, die nötige Ordnung im Dienst aufrecht zu erhalten und die Erfüllung der Dienstpflichten durch die Beamten zu sichern. Die Ausübung des Dienststrafrechtes mußte daher als ein Recht, keineswegs als eine Pflicht des Dienstherrn konstruiert werden; auf ein Recht kann aber verzichtet werden. Es mußte demnach in das Ermessen des Dienstherrn gestellt werden, ob eine Disziplinarverletzung stattfinden soll oder nicht.

Diesen Gedanken wurde im bayerischen Disziplinarrecht dadurch Rechnung getragen, daß die disziplinäre Strafbarkeit von dem Vorliegen eines Antrags abhängig gemacht wurde. Sämtliche Disziplinarvergehen wurden als Antragsdelikte erklärt (Artikel 129_1 BG.) und in Artikel 151_1 BG. wurde für alle Fälle die Möglichkeit der Zurücknahme des Antrags vorgesehen, die Zurücknahme n a ch Erlaß des Verweisungsbeschlusses jedoch von der Zustimmung des Angeklagten abhängig gemacht. Diese Einschränkung war im Regierungsentwurf nicht enthalten; allein in dieser Allgemeinheit wurde die Bestimmung im Ausschuß der Abgeordnetenkammer nicht für gut befunden; insbesondere wurde eingewendet, dies liege nicht im Interesse des Beamten, am wenigsten dann, wenn seine Freisprechung zu erwarten sei; die Bestimmung könne aber auch die Wirkung zeitigen, daß nicht in allen Fällen volle Klarheit geschaffen würde. Von Seite der Regierung wurde hervorgehoben, daß es mit Rücksicht auf die Möglichkeit einer schikanösen Ausnützung nicht angängig sei, dem Beschuldigten ein förmliches Recht auf Durchführung des Verfahrens einzuräumen. Das Ergebnis der Beratungen war die Aufnahme des erwähnten Kompromisses in das Gesetz.

In allen Stadien des Verfahrens ist von Amts wegen zu prüfen, ob ein richtiger Antrag vorliegt; ist dies nicht der Fall, oder ist der Antrag rechtsgültig zurückgezogen, so ist das Verfahren durch Beschluß einzustellen (Artikel 151 Satz 3 BG.). Ist bereits ein Urteil ergangen und das Verfahren daher in der Beschwerde- oder Wiederaufnahmeinstanz, so hat meines Erachtens die Einstellung durch Urteil zu erfolgen, weil im allgemeinen eine Entscheidung höherer Gattung (Urteil) nicht durch eine solche niedrigerer Gattung (Beschluß) aufgehoben werden kann.

§ 12.

Die Verjährung.

Die Strafrechtslehre unterscheidet zwischen Verfolgungs- und Vollstreckungsverjährung. Wenn nach Begehung eines Verbrechens ein längerer Zeitraum verstrichen ist, ohne daß man des Täters habhaft werden konnte, besteht keine Veranlassung mehr, die Verfolgung dieses Verbrechens zu betreiben, und wenn ein Strafurteil rechtskräftig auf eine gewisse Strafe erkannt hat und diese in bestimmter Frist nicht vollstreckt wurde, so glaubt man, ohne Schädigung der staatlichen Interessen die Vollstreckung dieser Strafe unterlassen zu dürfen. Von diesen Erwägungen ausgehend, hat unser geltendes Kriminalstrafrecht sowohl die Verfolgungs- als die Vollstreckungsverjährung eingeführt (§§ 66, 67 ff.; §§ 66, 70 ff. StGB.).

Das bayerische Dienststrafrecht kennt nur die Verfolgungsverjährung.

Über die Notwendigkeit des Instituts der Verjährung im Disziplinarrecht waren die Ansichten bei der Beratung des RDG., das die Frage für Bayern zuerst aufwarf, sehr geteilt. Der Regierungsentwurf hatte die Verjährung ausschließen wollen, weil dies der Zweck des Disziplinarrechts gebiete. Diesem Zweck würde es widersprechen, wenn wegen eingetretener Verjährung die disziplinäre Verfolgung später bekannt gewordener Dienstvergehen unterbleiben müßte, obwohl nach den obwaltenden Verhältnissen ein längeres Verbleiben des Beamten in seiner amtlichen Stellung mit den Interessen des Dienstes ganz und gar unvereinbar wäre (vgl. Verh. d. K. d. Abg. 1879, Beilagen Band IX Seite 588 f.). Gegenüber diesen Gründen wurde mit Recht hervorgehoben: Wenn die Motive des Regierungsentwurfes sich zur Rechtfertigung des Ausschlusses der Verjährung zunächst auf den in der Aufrechterhaltung der Dienstordnung bestehender Zweck der Disziplinarstrafe berufen, so scheint dieser Grund doch zu viel zu beweisen; denn dann müßte die noch höhere Aufgabe des Staates, durch Bestrafung der Verbrechen die Staatsordnung aufrecht zu erhalten und die Sühne des geschehenen Unrechts zu bewirken, ebenfalls jede Verjährung auf strafgerichtlichem Gebiet ausschließen. Ein Dienstvergehen wird wohl kaum erst nach 5 Jahren entdeckt werden; wenn es aber wirklich solange unbekannt bleibt, dann wird es meist geringfügig sein und es daher nicht rechtfertigen, daß der Beamte, der sich inzwischen tadelfrei geführt hat, nach so langer Zeit vor das Disziplinargericht gezogen wird. Überdies ist ihm nach so langer Zeit seine Verteidigung namentlich bei geringfügigen Vergehen, sehr erschwert. Alle diese Gründe rechtfertigen die Einführung des Instituts der Verfolgungsverjährung auch im Disziplinarstrafrecht, die schon der Entwurf des Beamtengesetzes vorgesehen hat.

Ihrer rechtlichen Natur nach bildet die Verjährung einen Strafausschließungsgrund und hat daher materiellrechtlichen, nicht prozessualen Charakter. Die Konsequenz dieser Auffassung ist, daß auf Freisprechung, nicht etwa auf Einstellung des Verfahrens zu erkennen ist, wenn sich die Verjährung erst im Lauf der Hauptverhandlung herausstellt. Diese Auffassung ist für das Kriminalrecht bestritten (vgl die Kommentare zu § 66 StGB).

Die disziplinäre Verfolgung der Dienstvergehen verjährt prinzipiell in 5 Jahren (Artikel 113₁ Satz 1 BG). Die Verjährungsfrist beginnt mit dem Tag an dem die Tat begangen worden ist; handelt es sich nicht um eine Tat, sondern um ein länger dauerndes strafbares Verhalten, so beginnt die Verjährung mit dem Tag, an dem der rechtswidrige Zustand beseitigt wird. Verstößt die Handlung auch gegen ein Strafgesetz, so verjährt die Strafverfo gung des D enstv rgehens nicht, bevor die kriminelle Verfolgung der Straftat verjährt ist (Artikel 113₁ Satz 2 BG) Diese Bestimmung gilt im allgemeinen nur für Verbrechen im engeren Sinn, da Vergehen und Übertretungen in höchstens 5 Jahren verjähren, und wurde vorgesehen, um zu verhüten, daß ein Beamter wegen eines Verbrechens kriminell zu einer schweren Strafe verurteilt wird, ein disz plinäres Einschreiten aber wegen Verjährung ausgeschlossen ist.

Die Verjährung wird unterbrochen durch jede Handlung des Di ziplinar- oder Strafrichters, des Untersuchungsbeamten, des ersuchten Gerichts oder Beamten, die wegen des Dienstvergehens gegen den Täter gerichtet ist. Die Unterbrechung der Verjährung hat die Bedeutung, daß die bis dahin abgelaufene Zeit für die Verjährung entwertet ist und von hier an eine neue Verjährungsfrist zu laufen beginnt.

Eine Hemmung (Ruhen) der Verjährung nach dem Muster des § 69 StGB. ist dem Disziplinarrecht nicht bekannt.

§ 13.

Die Strafzumessung.

Der Strafzumessung ist im Disziplinarverfahren eine besonders wichtige und schwere Aufgabe zugewiesen. Im Kriminalstrafrecht ist der Tatbestand jedes Deliktes genau umgrenzt und für dieses Delikt eine — sei es relativ, sei es absolut — bestimmte Strafe angedroht. Hat daher der Richter die Schuldfrage entschieden, so hat er bei der absolut bestimmten Strafe nur die eine Möglichkeit, die angedrohte Strafe auszusprechen; bei der relativ bestimmten Strafe muß er innerhalb eines genau begrenzten Strafrahmens die im konkreten Fall verwirkte Strafe auswählen.

Ganz anders im Disziplinarrecht. Dieses kennt keine besonderen Vergehensbegriffe und infolgedessen keine bestimmten Strafdrohungen. Hat der Disziplinarrichter ein Vergehen für gegeben erachtet, so kann er Verweis, Geldstrafe, Strafversetzung, Degradation oder Dienstentlassung aussprechen, ohne daß ihn das Gesetz bei der Auswahl dieser Strafmittel irgendwie einschränkt. Er hat lediglich nach seiner gewissenhaften Überzeugung zu entscheiden (Motive zum RBG. Seite 590).

Eine allgemeine Regel stellt Artikel 111 BG. auf, welcher statuiert, daß nach der größeren oder geringeren Erheblichkeit des Dienstvergehens mit besonderer Rücksicht auf die gesamte Führung des Beschuldigten zu ermessen ist, welche Strafe ausgesprochen werden soll. Wie die Begründung (Seite 199) zutreffend bemerkt, „darf die Garantie für einen gerechten, objektiven Gebrauch dieses freien richterlichen Ermessens bei den schwereren Fällen, in denen die Strafversetzung oder Entlassung in Frage kommt, in der Zusammensetzung der Disziplinargerichte und in den streng geregelten Formen des Verfahrens erblickt werden".

Ähnliche Vorschriften wie Artikel 111 BG. sehen § 76 RBG., § 17 des preußischen Disziplinargesetzes, Artikel 74 des württembergischen und § 96 des badischen Beamtengesetzes vor.

Bei der Strafzumessung werden, um die „größere oder geringere Erheblichkeit" des Vergehens beurteilen zu können, namentlich die Wichtigkeit der verletzten Dienstpflicht, die Folgen dieser Pflichtverletzung — objektive Momente —, der Beweggrund und die Schuld (Vorsatz, grobe oder einfache Fahrlässigkeit nach der Terminologie des Kriminalrechtes) — subjektive Momente — zu berücksichtigen sein (ähnlich Brand Seite 142). Bei der Beurteilung der „gesamten Führung des Beschuldigten" ist darauf besonderes Gewicht zu legen, ob der Beschuldigte wegen Amtsvergehen schon kriminell oder disziplinär verurteilt wurde, ob er sonst Vorstrafen erlitten hat, ob sein dienstliches und außerdienstliches Verhalten zu Klagen Anlaß gegeben hat, ob er im übrigen mit Fleiß und Eifer seinen dienstlichen Geschäften nachgekommen ist, wie seine Leistungen zu bewerten sind.

Es muß nachdrücklich hervorgehoben werden, daß nicht die einzelne Pflichtwidrigkeit, sondern das gesamte dienstliche und außerdienstliche Verhalten des Beamten der Beurteilung des Disziplinarrichters unterliegt — im Gegensatz zum Kriminalverfahren, wo es auf die Schwere des einzelnen Vergehens ankommt und die übrige Führung des Angeklagten nur vom ganz untergeordneter Bedeutung ist (ähnlich Pieper Seite 340 f.).

Auch im Disziplinarverfahren gilt der Grundsatz „in dubio pro reo" (Motive zum RBG. Seite 590); allein seiner Anwendung werden hier, da es sich insbesondere um die Verhütung von Schädigungen der Staatsinteressen handelt, engere Grenzen als im Kriminalverfahren gezogen werden müssen.

Hervorzuheben ist, daß nicht etwa die Dienststrafen nur sukzessive, also zuerst die Ordnungsstrafen, dann die Disziplinarstrafen und bei beiden wiederum die milderen vor den schwereren verhängt werden müssen, sondern, daß sogleich bei der ersten Verfehlung, wenn sie einen derart schweren Charakter trägt, die Dienstentlassung eintreten kann, ohne daß eine Ordnungs- oder andere Disziplinarstrafe vorangegangen wäre (ebenso Kanngießer Seite 162).

Hinsichtlich des Verhängung der Dienstentlassung äußert sich die Begründung (Seite 198) dahin, daß sie dann auszusprechen sein wird, wenn die Pflichtverletzung eines Beamten derart ist, daß sein Verbleiben im Dienst mit den staatlichen Interessen und insbesondere den Interessen des öffentlichen Dienstes nicht mehr vereinbar ist. Wenn auch der Begründung nicht Gesetzeskraft zukommt, so wird immerhin diese Bestimmung kraft ihrer inneren Richtigkeit die geeignete Grundlage für die Frage bilden können, ob im einzelnen Fall auf Dienstentlassung erkannt werden soll.

Degradation dürfte zu wählen sein, wenn zwar eine schwere Pflichtverletzung vorliegt, eine Gefährdung der staatlichen und dienstlichen Interessen aber in einer anderen dienstlichen Stellung minderen Grades nicht vorauszusehen ist. Sie erscheint namentlich geeignet, einen Beamten, der durch seine Pflichtverletzung besonderen Leichtsinn bekundet hat, zur Besinnung und Achtsamkeit zu bringen.

Auf Strafversetzung im engeren Sinn wird zu erkennen sein, wenn durch eine Handlung, die ein schweres Dienstvergehen bildet, Umstände veranlaßt sind, vermöge deren die amtliche Wirksamkeit auf der bisherigen Stelle in nicht bloß vorübergehender Art gestört ist, während eine ersprießliche Tätigkeit auf einem anderen Posten erwartet werden kann (vgl. Artikel 8_2 RDG.).

Die Disziplinarstrafen sind demnach für solche Fälle bestimmt, in denen entweder eine schwere Pflichtverletzung vorliegt, oder zwar leichtere Vergehen in Frage stehen, Ordnungsstrafen aber, sei es wegen der Zahl der Vergehen unangebracht, sei es m t Rücksicht auf bisher schon erkannte Ordnungsstrafen wirkungslos erscheinen.

III. Abschnitt.

Die Verfassung der Disziplinargerichte.

§ 14.

Allgemeines.

Die Disziplinar**gerichtsbarkeit** ist nicht so sehr des Staates als vielmehr der Beamten wegen geschaffen. Der Staat könnte das Ziel, das er beim Dienststrafrecht verfolgt — Aufrechterhaltung des Disziplin und sichere Durchführung des Dienstes — auch auf dem Weg des Ordnungsstrafverfahrens erreichen. Den Beamten aber soll das Disziplinarrecht in seiner rechtlichen Stellung stärken. Sollte dieses Ziel aber erreicht werden, so mußte von den Grundsätzen des Ordnungsstrafverfahrens abgewichen werden, es durfte den vorgesetzten Behörden nicht auch die Disziplinarstrafgewalt verliehen werden.

Eben durch das Disziplinarrecht sollte der Beamte in seiner wirtschaftlichen Existenz von dem bloßen Ermessen der Verwaltung unabhängig gestellt und die Enscheidung der Frage, ob er sich seines Amtes unwürdig gemacht habe und aus diesem zu entfernen sei, in die Hand einer völlig unabhängigen, nur dem Gesetze selbst unterworfenen richterlichen Instanz gelegt werden (vgl. Begründung Seite 193).

Diese Instanz sind die Disziplinargerichte.

Dem Vorbild des Reichs und Sachsens folgend hat Bayern zwei Instanzen eingeführt, während in Württemberg und Baden nur eine Instanz besteht und Preußen allgemein in zweiter, teilweise auch in erster Instanz Verwaltungsbehörden zur Entscheidung berufen hat; auch in Baden untersteht ein Teil der Beamten der Disziplinargewalt der Verwaltungsbehörde.

Erste Instanz sind in Bayern die Disziplinarkammern in München, Zweibrücken, Bamberg, Nürnberg und Augsburg, zweite Instanz der Disziplinarhof in München. Während letzterer für ganz Bayern zuständig ist, sind die Bezirke der Disziplinarkammern mit den Bezirken der gleichnamigen Oberlandesgerichte identisch.

Um die Verfassung dieser Gerichte erschöpfend darzustellen, sind nun folgende Kapitel zu besprechen: Disziplinarrichteramt, Disziplinarkammern, Disziplinarhof, Zuständigkeit, Zusammensetzung des entscheidenden Gerichts (Auswahl, Ablehnung), Beratung und Abstimmung, Rechtshilfe.

Die Kapitel, die im Zusammenhang mit dem Verfahren erörtert werden müssen, sind in den IV. Abschnitt verwiesen.

§ 15.

Das Disziplinarrichteramt.

Die Disziplinargerichte für nichtrichterliche Beamte sind teils mit Richtern, teils mit Verwaltungsbeamten besetzt. Der Grund für diese Zusammensetzung liegt darin, daß einerseits dem richterlichen Element auch bei den Disziplinargerichten für die nichtrichterlichen Beamten die Mehrheit zustehen soll, anderseits sowohl im Interesse der

Verwaltung wie des Beschuldigten selbst die Möglichkeit geboten werden soll, daß bei der Schöpfung des Urteils Beamte des betreffenden Verwaltungszweiges mitwirken, die durch ihre Stellung und Erfahrung eine genaue Kenntnis der in Betracht kommenden besonderen dienstlichen und persönlichen Verhältnisse besitzen und einen tieferen Einblick in diese Gewohnheiten haben.

Hieraus ergibt sich einmal, daß die Disziplinarrichter keinen einheitlichen Stand bilden, sondern sich aus allen Zweigen des Staatsdienstes rekrutieren, sodann, daß das Amt des Disziplinarrichters stets ein Nebenamt ist.

Der eine Teil der Disziplinarrichter ist aus den Mitgliedern der Disziplinarkammern für richterliche Beamte zu bestimmen. Diese setzt sich aus dem Präsidenten des Oberlandesgerichts und vier Räten des Oberlandesgerichts, die auf Vorschlag des Präsidiums dieses Gerichts auf die Dauer des von ihnen zur Zeit ihrer Ernennung bekleideten Hauptamtes durch den König ernannt werden, zusammen (Artikel 15, $19_{2,5}$ RDG.). Die Stellvertreter sind ähnlich zu bestimmen.

Die richterlichen Mitglieder des Disziplinarhofs werden aus den Mitgliedern des Disziplinarhofs für richterliche Beamte entnommen. Dieser setzt sich aus dem Präsidenten und 6 Räten des Obersten Landesgerichts zusammen, die auf Vorschlag des Präsidiums dieses Gerichts auf die Dauer des von ihnen zur Zeit ihrer Ernennung bekleideten Hauptamts durch den König ernannt werden (Artikel 18, $19_{1,5}$ RDG.). Auch hier sind die Stellvertreter ähnlich bestimmt.

Der andere Teil der Mitglieder der Disziplinargerichte für nichtrichterliche Beamte besteht aus Verwaltungsbeamten aller Ressorts. Diese Beamten müssen unwiderrufliche Beamte im Sinne des Artikel 6_{1}—$_{4}$ BG. sein; auch sie werden auf die Dauer des von ihnen bekleideten Hauptamts durch den König ernannt (Artikel 120_{2} BG.).

Aus dem Geschäftskreis jedes Ministeriums wird die nötige Zahl von Beamten ernannt. In den Ressorts der Ministerien der Justiz, des Innern und der Finanzen können auch richterliche Beamte (Richter der ordentlichen Gerichte und des Verwaltungsgerichtshofs, Mitglieder des Obersten Rechnungshofs) ernannt werden (Begründung Seite 204). Da jedoch zur Entscheidung über die Dienstvergehen richterlicher Beamter besondere Disziplinargerichte eingesetzt sind und die Heranziehung von Beamten aller Ressorts den Zweck hat, Beamte in die Disziplinargerichte zu berufen, die die erforderliche Sachkunde in den Geschäftsverhältnissen des betreffenden Verwaltungszweiges besitzen, dürfte es zwar zulässig, aber nicht im Sinne des Gesetzes gelegen sein, neben den Mitgliedern der Disziplinargerichte für richterliche Beamte noch weitere richterliche Beamte in die Disziplinargerichte für nichtrichterliche Beamte zu berufen.

Die Disziplinarrichter und ihre Stellvertreter brauchen auf die Erfüllung ihrer Funktionen als Disziplinarrichter nicht besonders verpflichtet zu werden (Artikel 127 BG., Artikel 22 RDG.), da sie bereits den Richtereid oder Beamteneid geleistet haben, der sich auf ihre gesamte dienstliche Tätigkeit, also auch auf die Funktion als Disziplinarrichter erstreckt (vgl. Artikel 23_{2} BG.).

Das Amt des Disziplinarrichters ist ein Ehrenamt. Die Disziplinarrichter erhalten lediglich Tagegelder und den Ersatz der Reisekosten nach den für die auswärtigen Dienstgeschäfte der etatsmäßigen Staatsbeamten geltenden Vorschriften, also insbesondere nach der Verordnung vom 11. Februar 1875 (GVBl. Seite 105) in der Fassung nach § 11 der Verordnung vom 10. Dezember 1908 (GVBl. Seite 1041) (§ 14_{4} der Verordnung, den Vollzug des Beamtengesetzes betreffend, vom 10. Dezember 1908, GVBl. Seite 1041).

Die Übernahme des Amtes eines Disziplinarrichters können die Beamten nach Artikel 19 BG. nicht verweigern, da die Voraussetzungen dieses Artikels wohl nie zutreffen werden.

Das Amt als Disziplinarrichter geht verloren:

a) zugleich mit dem Hauptamt; der unwiderrufliche Beamte verliert das Hauptamt:
   1. durch Entlassung aus dem Staatsdienst auf Antrag (Artikel 10 BG.);
   2. durch Dienstentlassung im Disziplinarweg (Artikel 110 BG.);
   3. durch einstweilige Versetzung in den Ruhestand (Artikel 38 BG.);
   4. durch zeitige oder dauernde Versetzung in den Ruhestand (Artikel 47 ff.);
   5. durch Beförderung auf ein anderes Amt;
   6. durch Versetzung auf ein anderes Amt oder in einen anderen Ort;

b) das Amt des Disziplinarrichters geht trotz Beibehaltung des Hauptamtes verloren:
   1. durch Dienstentlassung aus dem Nebenamt durch Disziplinarurteil;
   2. durch Dienstentlassung aus dem Nebenamt auf Antrag;
   3. durch Verwirkung der Unwiderruflichkeit; dieser Fall kann gegenwärtig nicht praktisch werden, weil weibliche Beamte, bei denen allein die Verwirkung der Unwiderruflichkeit möglich ist (Artikel 206_1 Ziffer 1 BG.), nicht zu Disziplinarrichtern ernannt werden. Wenn ein Richter zur Verwaltung übertritt und noch nicht die im Artikel 6_2 BG. vorgeschriebene dreijährige Dienstzeit erreicht hat, behält er trotzdem die Unwiderruflichkeit.

§ 16.

Die Disziplinarkammern.

Disziplinargerichte erster Instanz sind die „Disziplinarkammern für nichtrichterliche*) Beamte“ (Artikel 119_2 BG.) in München, Zweibrücken, Bamberg, Nürnberg und Augsburg, deren Bezirke sich mit den Bezirken der gleichnamigen Oberlandesgerichte decken (Artikel 120_1 BG.).

Die Disziplinarkammern setzen sich aus folgenden Beamten zusammen:

1. aus dem Präsidenten des Oberlandesgerichts als Präsidenten der Disziplinarkammer (Artikel 120_2 und $_3$ BG.);
2. aus dem Senatspräsidenten, beziehungsweise wenn mehrere Senatspräsidenten vorhanden sind (was z. B. nur in München der Fall ist) aus dem dienstältesten und bei gleichem Dienstalter aus dem der Geburt nach ältesten Senatspräsidenten des Oberlandesgerichts als Stellvertreters des Präsidenten der Disziplinarkammer (Artikel 120_3 BG.). Ist auch dieser verhindert, so vertritt ihn der Rat des Oberlandesgerichts, der am längsten der Disziplinarkammer für richterliche Beamte angehört, beziehungsweise wenn mehrere Senatspräsidenten vorhanden sind, der nächstälteste Senatspräsident.
3. Aus den vier Räten des Oberlandesgerichts, die zu Mitgliedern der Disziplinarkammern für richterliche Beamte ernannt sind (Artikel 120_2 BG., Artikel 15, 19_5 RDG.).
4. Aus den stellvertretenden Mitgliedern der Disziplinarkammer für richterliche Beamte (Artikel 120_2 BG., Artikel 19_5 RDG.).
5. Aus je zwei bis sechs unwiderruflichen Beamten aus dem Geschäftskreis jedes Ministeriums (Artikel 120_2 BG.).
6. Aus der erforderlichen Anzahl von Stellvertretern für die unter 5. aufgeführten Beamten.

---

*) Warum nicht „Disziplinarkammern für Verwaltungsbeamte?“

Die Disziplinarkammern bestehen daher gesetzlich — die Stellvertreter nicht gerechnet — aus mindestens 20 (1+1+4+2×7) und höchstens 48 (1+1+4+6×7) Mitgliedern. Die erste Ernennung der unter 5. und 6. aufgeführten Beamten ist durch allerhöchste Entschließung vom 25. Januar 1909 (GVBl. Seite 147) erfolgt; hiedurch wurde die Zahl der Mitglieder (die Stellvertreterzahl ist in Klammern beigesetzt) wie folgt bestimmt:

Ministerium	Disziplinarkammer				
	München	Zweibrücken	Bamberg	Nürnberg	Augsburg
d. Aeußern .	3 (4)	2 (2)	2 (3)	2 (1)	2 (1)
d. Justiz . .	6 (6)	6 (6)	6 (6)	6 (6)	6 (6)
d. Innern . .	6 (8)	6 (6)	6 (6)	6 (6)	6 (6)
Kultus-M. .	6 (6)	6 (6)	6 (6)	6 (6)	6 (4)
d. Finanzen .	6 (8)	6 (8)	6 (6)	6 (8)	6 (7)
Verkehrs-M.	6 (13)	6 (13)	6 (13)	6 (13)	6 (13)
Kriegs-M. . .	5 (3)	4 (3)	4 (3)	5 (3)	5 (3)
Summe	38 (48)	36 (44)	36 (43)	37 (43)	37 (40)

Die Mitglieder und stellvertretenden Mitglieder wurden aus den verschiedensten Berufsklassen bestimmt. Die Stellvertreter können nicht bloß dann berufen werden, wenn ein ordentliches Mitglied durch Krankheit, Urlaub usw. an der Ausübung des Richteramts verhindert ist, sondern sie können an Stelle ordentlicher Mitglieder im einzelnen Fall berufen werden, wenn sie in dem Dienstzweig des Beschuldigten tätig oder besonders erfahren sind.

Die Disziplinarkammern entscheiden in der Besetzung von fünf Mitgliedern (Artikel 121_1 BG.); unter diesen müssen sich befinden (Artikel 121_2 BG.):

1. der Präsident oder sein Stellvertreter,
2. zwei Mitglieder oder stellvertretende Mitglieder der Disziplinarkammer für richterliche Beamte,
3. zwei der anderen Mitglieder oder stellvertretenden Mitglieder der Disziplinarkammer für nichtrichterliche Beamte.

Welche der unter 2. und 3. genannten Mitglieder mitzuwirken haben, bestimmt der Präsident (Artikel 121_3 BG.). Die unter 3. erwähnten Mitglieder müssen dem Geschäftskreis des Ministeriums entnommen sein, dem der beschuldigte Beamte untersteht, und, wenn sich das Verfahren gegen Beamte aus dem Geschäftskreise mehrerer Ministerien richtet, dem Geschäftskreise dieser Ministerien (Artikel 121_2 BG.).

Zu Verhandlungen von voraussichtlich längerer Dauer können auch Ergänzungs-Disziplinarrichter zugezogen werden, welche bei der ganzen Verhandlung anwesend sein müssen und im Falle des Ausscheidens eines Disziplinarrichters während der Verhandlung für diesen eintreten (Artikel 148_6 Satz 1 BG.; § 194_2 GVG.). Da jedoch die Disziplinarrichter, wie erwähnt, in zwei Gruppen zerfallen und ein Mitglied einer Gruppe nicht durch ein Mitglied der anderen Gruppe ersetzt werden darf, empfiehlt es sich, wenn wirklich die Zuziehung von Ergänzungsrichtern notwendig ist, gleich zwei Ergänzungsrichter und zwar aus jeder Gruppe einen zu bestimmen.

Für die Disziplinarkammer ist auch eine Staatsanwaltschaft und eine Gerichtsschreiberei vorgesehen.

Die Verrichtungen der Staatsanwaltschaft obliegen dem Oberstaatsanwalt des Oberlandesgerichts (Artikel 126^{1} BG.). Da dieser nur dem Justizministerium untersteht, die Staatsanwaltschaft aber das Organ bilden soll, durch das die Staatsregierung in die Lage versetzt wird, die Dienstinteressen im Laufe des Verfahrens zu wahren, ist in Artikel 126^{4} BG. ausdrücklich ausgesprochen, daß der Oberstaatsanwalt als Staatsanwalt der Disziplinarkammer den Weisungen des Ministeriums und den Anregungen der Stelle, welche die Einleitung des Verfahrens veranlaßt haben, Rechnung zu tragen hat.

Als Staatsanwalt darf auch mitwirken, wer bei einem vorausgegangenen Kriminalverfahren als Richter tätig war (ebenso B r a n d Seite 154). Dieser Fall kann bei Beförderungen oder Versetzungen praktisch werden.

Den Dienst des Gerichtsschreibers bei der Disziplinarkammer versieht der Gerichtsschreiber des Oberlandesgerichts (Artikel 126^{3} BG.).

§ 17.

Der Disziplinarhof.

Das Disziplinargericht II. Instanz führt die Bezeichnung „Disziplinarhof für nichtrichterliche Beamte" (Artikel 119^{2} BG.). Für das ganze Königreich ist nur ein Disziplinarhof mit dem Sitz in München unter Angliederung an das oberste Landesgericht errichtet (Artikel 124^{1} BG.).

Der Disziplinarhof setzt sich wie folgt zusammen:

1. aus dem Präsidenten des obersten Landesgerichts als Präsidenten des Disziplinarhofs (Artikel $124^{2, 3}$ BG.),
2. aus dem dienstältesten, bei gleichem Dienstalter dem der Geburt nach ältesten Senatspräsidenten des obersten Landesgerichts als stellvertretenden Präsidenten des Disziplinarhofs (Artikel 124_{3} BG.),
3. aus den 6 Räten des obersten Landesgerichts, welche zu Mitgliedern des Disziplinarhofs für richterliche Beamte ernannt sind (Artikel 124^{2} BG., Artikel 18, 19^{5} RDG.),
4. aus den stellvertretenden Mitgliedern des Disziplinarhofs für richterliche Beamte (Artikel 124^{2} BG., Artikel 19^{5} RDG.),
5. aus je 3—6 Beamten aus dem Geschäftskreis jedes Staatsministeriums (Artikel 124^{2} BG.),
6. aus der erforderlichen Anzahl von Stellvertretern für die unter 5) genannten Beamten (Artikel 124^{2} BG.).

Der Disziplinarhof besteht sonach aus mindestens 29 $(1 + 1 + 6 + 3 \times 7)$ und höchstens 50 $(1 + 1 + 6 + 6 \times 7)$ Mitgliedern. Bei der ersten Ernennung am 25. Januar 1909 (GVBl. Seite 147) wurde die Zahl der Beamten (Zahl der Stellvertreter in Klammern) folgendermaßen festgesetzt: Ministerium des Äußern: 3 (4), Justizministerium: 6 (6), Ministerium des Innern: 6 (6), Kultusministerium: 6 (7), Finanzministerium: 6 (10), Verkehrsministerium 6 (10), Kriegsministerium: 4 (3), zusammen: 37 (46) Beamte.

Praktisch empfehlenswert ist es, niemand zugleich zum Mitglied des Disziplinarhofs und einer Disziplinarkammer zu ernennen; gesetzwidrig wäre dies nicht.

Hat ein Beamter, der zugleich dem Disziplinarhof und einer Disziplinarkammer angehört, oder der früher Mitglied einer Disziplinarkammer war, jetzt Mitglied des Disziplinarhofs ist, bei einer durch ein Rechtsmittel angefochtenen Entscheidung der Disziplinarkammer mitgewirkt, so ist er nach Artikel 128¹ BG. in Verbindung mit § 23¹ StPO. kraft Gesetzes von der Mitwirkung bei der Entscheidung in der höheren Instanz ausgeschlossen.

Der Disziplinarhof entscheidet in der Besetzung von 7 Mitgliedern; unter diesen müssen sich befinden:

1. Der Präsident oder stellvertretende Präsident des Disziplinarhofs (Artikel 125¹ BG.),
2. drei Mitglieder des Disziplinarhofs für richterliche Beamte bezw. deren Stellvertreter (Artikel 125² BG.),
3. die übrigen drei Mitglieder werden aus den zu Mitgliedern des Disziplinarhofs ernannten Beamten des Ministeriums entnommen, dem der beschuldigte Beamte untersteht (Artikel 125³ BG.).

Die Auswahl erfolgt für jeden einzelnen Fall durch den Präsidenten des Disziplinarhofs (Artikel 125³ BG.). —

Die Verrichtungen der Staatsanwaltschaft beim Disziplinarhof werden von dem Generalstaatsanwalt des obersten Landesgerichts, die Geschäfte des Gerichtsschreibers des Disziplinarhofs von dem Gerichtsschreiber des obersten Landesgerichts besorgt (Artikel 126²,³ BG.). Auch der Generalstaatsanwalt hat als Staatsanwalt des Disziplinarhofs den Weisungen des Ministeriums, dem der Beschuldigte untersteht, und den Anregungen der Stelle, die die Einleitung des Verfahrens veranlaßt hat, Rechnung zu tragen (Artikel 126⁴ BG.).

§ 18.

Die Zuständigkeit der Disziplinargerichte.

I. Sachliche Zuständigkeit.

a) Abgrenzung der Zuständigkeit zwischen Verwaltungsbehörden und Disziplinargerichten.

Da das bayerische Disziplinarrecht besondere Tatbestände von Dienstvergehen nicht kennt, konnte die Zuständigkeit der Disziplinargerichte nicht so bestimmt werden, wie dies im Kriminalstrafprozeß der Fall ist. Als der einzige ausschlaggebende Moment konnte hier nur die Höhe der mutmaßlich verwirkten Strafe in Betracht kommen; Artikel 118 BG. bestimmt daher, daß die Disziplinargerichte zur Verhängung der Disziplinarstrafen, das heißt der Strafversetzung und Dienstentlassung zuständig sind.

Es erschien nicht angezeigt, auch die Verhängung dieser schweren Strafen, die so tief in das Leben des einzelnen Beamten eingreifen, den vorgesetzten Behörden zu überlassen, vielmehr war es am Platz, diese Befugnisse mit den Garantien der richterlichen Unabhängigkeit zu umgeben.

Dadurch, daß die Zuständigkeit der Disziplinargerichte für die Verhängung der genannten Strafen ausgesprochen ist, ist zugleich bestimmt, daß hiefür ein besonderes, förmliches, dem Strafprozeß nachgebildetes Verfahren Platz greift. Hiedurch ist den Interessen der Beamten in weitestgehendem Maß Rechnung getragen worden und auch das Interesse des Staates an der Bestrafung der Dienstvergehen erscheint hinreichend gewahrt.

Die Frage, ob wohl auf eine Ordnungs- oder Disziplinarstrafe zu erkennen sein wird, ist wiederholt zu prüfen. Zunächst hat sich hierüber das zuständige Ministerium oder die von diesem ermächtigte Behörde schlüssig zu machen, weil die Einleitung des Disziplinarverfahrens einen Antrag des Ministeriums bezw. der anderen Behörde voraussetzt (Artikel 129¹ BG.). In zweiter Linie ist die Frage von dem Staatsanwalt zu prüfen wenn er sich entscheidet, ob er die Verweisung zur Hauptverhandlung beantragen soll (Artikel 137⁴ BG.). Sodann hat die Disziplinarkammer bei der Prüfung der Frage, ob die Verweisung beschlossen werden soll, hierüber zu befinden (Artikel 138² BG.). Die endgültige Entscheidung wird aber erst bei der Urteilsfällung getroffen.

Die Disziplinargerichte haben auch widerruflichen Beamten gegenüber in den Fällen der Art. 96¹ Satz 2, Art. 101 die Dienstentlassung zu verhängen. (Begründung Seite 91, 176; Reindl Seite 49.)

Ausnahmsweise dürfen die Disziplinargerichte auch Ordnungsstrafen verhängen; es handelt sich um folgende zwei Fälle:

1. Bei der Verweisung der Sache zur Hauptverhandlung war die Disziplinarkammer der Ansicht, daß eine Disziplinarstrafe verwirkt sei, und hat deswegen die Verweisung vor das Disziplinargericht beschlossen. Auf Grund der Beweisaufnahme aber findet das Disziplinargericht, daß nur auf eine Ordnungsstrafe zu erkennen ist. In diesem Falle hat das Disziplinargericht unter Einhaltung der Vorschriften über das Disziplinarverfahren selbst die Ordnungsstrafe im Urteil auszusprechen (Artikel 148² BG.).

2. Handelt es sich um eine Zuwiderhandlung gegen Artikel 16 BG. (Vereinsparagraph), so sind die Disziplinargerichte zur Aburteilung ausschließlich zuständig und zwar auch dann, wenn von Anfang an feststeht, daß nur auf eine Ordnungsstrafe zu erkennen ist (Artikel 118 Satz 2 BG.). Auch hier finden die Vorschriften über das Disziplinarverfahren Anwendung.

Der Entwurf des Beamtengesetzes hatte diese zweite Ausnahme nicht vorgesehen; sie wurde erst im Ausschuß der Abgeordnetenkammer in das Gesetz aufgenommen. Der Ausschuß war der Meinung, es könnte nach der Regierungsvorlage die politische, religiöse und wissenschaftliche Freiheit des Beamten gefährdet werden, wenn die vorgesetzte Verwaltungsbehörde, die ja im Ordnungsstrafverfahren zu erkennen hat, darüber entscheidet, ob die Ziele und Bestrebungen eines Vereins den staatlichen oder dienstlichen Interessen zuwiderlaufen. Man fürchtete so eine Schädigung von Beamten, die Vereinen angehören, welche der Regierung nicht genehm sind.

b) Regelung der Zuständigkeit zwischen den verschiedenen Arten der Disziplinargerichte.

In Betracht kommen hier lediglich die Disziplinarkammern und der Disziplinarhof. Die Regelung ist sehr einfach getroffen; grundsätzlich sind die Disziplinarkammern erste, der Disziplinarhof zweite Instanz; dieser ist den Disziplinarkammern gegenüber Berufungs- und Beschwerdegericht (Artikel 119¹ BG.). Von diesem Grundsatz sind folgende Ausnahmen getroffen:

1. Wenn Meinungsverschiedenheiten über die Zuständigkeit verschiedener Disziplinarkammern bestehen, entscheidet der Disziplinarhof (Artikel 122² BG.).

2. Der Disziplinarhof kann auf Antrag des Staatsanwalts oder des Beschuldigten die Verweisung der Sache an eine andere Disziplinarkammer beschließen, wenn Gründe vorliegen, welche die Unbefangenheit der zuständigen Disziplinarkammer zweifelhaft machen (Artikel 123 BG.).

3. Wenn die Disziplinarkammer im Falle der Ablehnung von Mitgliedern durch Ausscheiden der abgelehnten Mitglieder beschlußunfähig wird, entscheidet der Disziplinarhof über die Ausschließung oder Ablehnung von Mitgliedern der Disziplinarkammer und verweist erforderlichenfalls die Aburteilung der Sache an eine andere Disziplinarkammer (Artikel 128³ BG.).

II. Örtliche Zuständigkeit.

Im einzelnen Fall ist die Disziplinarkammer zuständig, in deren Bezirk der Beschuldigte zur Zeit der Einleitung des Disziplinarverfahrens seinen Amtssitz hat; befindet sich dieser außerhalb Bayerns, so ist die Disziplinarkammer in München zuständig

(Artikel 122[1] BG.). Zu den Beamten, die außerhalb Bayerns ihren Amtssitz haben, gehören zunächst die Beamten der bayerischen Gesandtschaften in Berlin, Stuttgart, Karlsruhe, Paris, Wien, Rom und St. Petersburg, das Zoll- und Grenzpersonal, soweit es außerhalb Bayerns stationiert ist, endlich die Beamten der Verkehrsverwaltung, die ihren Amtssitz in den außerhalb Bayerns gelegenen Endpunkten bayerischer Bahnen haben, nicht aber die zur vorübergehenden Verwendung im Reichsdienst beurlaubten Beamten. Die Bestimmung, wonach für solche Beamte die Disziplinarkammer in München für zuständig erklärt wurde, ist hinsichtlich der Gesandtschaftsbeamten unanfechtbar. Im übrigen hätte sich meines Erachtens folgende Bestimmung empfohlen: „Hat der Beschuldigte seinen Amtssitz außerhalb Bayerns, jedoch in unmittelbarer Nähe der bayerischen Grenze, so ist die Disziplinarkammer zuständig, deren Bezirk durch die dortige bayerische Landesgrenze begrenzt wird." Nach dem geltenden Recht aber muß z. B. ein Verkehrsbeamter, der seinen Amtssitz außerhalb Bayerns, jedoch in unmittelbarer Nähe der pfälzischen Grenze hat, von der Disziplinarkammer München abgeurteilt werden.

Ergeben sich Streitigkeiten über die Zuständigkeit der Disziplinarkammern, so entscheidet hierüber gemäß Artikel 122[2] BG. der Disziplinarhof.

Liegen Gründe vor, die die Unbefangenheit der zuständigen Disziplinarkammer zweifelhaft machen, so können der Staatsanwalt, der Beschuldigte und dessen Verteidiger bis zum Schluß der mündlichen Verhandlung, auf welche das Urteil ergeht, beantragen, daß der Disziplinarhof entscheiden solle, ob die Sache nicht an eine andere Disziplinarkammer verwiesen werden solle (Artikel 123 BG.). Wird in der Hauptverhandlung ein solcher Antrag gestellt, so muß die Disziplinarkammer einen Vertagungsbeschluß erlassen (ebenso Pieper Seite 389); sobald ein solcher Beschluß gefaßt ist, legt der Präsident der Disziplinarkammer das Gesuch samt den Akten dem Disziplinarhof vor, welcher entscheidet. Mit dieser Ablehnung der ganzen Kammer als solcher darf nicht die Ablehnung einzelner Disziplinarrichter verwechselt werden.

Der Disziplinarhof kann nicht abgelehnt werden.

§ 19.

Ausschließung und Ablehnung von Disziplinarrichtern.

Wie im Kriminalstrafprozeß ist es auch im Disziplinarverfahren von Wichtigkeit, gewisse Disziplinarrichter von der Ausübung ihres Amtes in bestimmten Fällen fernzuhalten.

Man unterscheidet vier Fälle und spricht von

1. absolut unfähigen Disziplinarrichtern, wenn die staatsrechtlichen Voraussetzungen für die Bekleidung des Disziplinarrichteramtes fehlen; von diesen Voraussetzungen wurde eben bei der Verfassung der Disziplinargerichte und dem Disziplinarrichteramt gehandelt;
2. unzuständigen Disziplinarrichtern, wenn die Vorschriften über die Zuständigkeit verletzt sind; auch dieser Punkt ist erledigt;
3. relativ unfähigen Disziplinarrichtern, wenn die Disziplinarrichter für einen bestimmten Disziplinarprozeß kraft Gesetzes von der Ausübung ihres Amtes ausgeschlossen sind; endlich von
4. verdächtigen Richtern (iudices suspecti), wenn Gründe vorliegen, die geeignet sind, Mißtrauen gegen die Unparteilichkeit eines Disziplinarrichters zu rechtfertigen. —

Was zunächst die relativ unfähigen Richter betrifft (Ziffer 3), so ist ein Disziplinarrichter kraft Gesetzes von der Ausübung des Disziplinarrichteramts ausgeschlossen:

a) wenn er selbst durch die disziplinär strafbare Handlung verletzt ist (§ 22 Ziffer 1 StPO., Artikel 128¹ BG.);

b) wenn er Ehemann oder Vormund der beschuldigten oder verletzten Person ist oder gewesen ist (§ 22 Ziffer 2 StPO., Artikel 128¹ BG.); der Fall, daß der Disziplinarrichter Ehemann der Beschuldigten ist, läßt sich im Hinblick auf Artikel 206 BG. nicht denken; dagegen ist der Fall, daß der Disziplinarrichter Ehemann der Beschuldigten gewesen ist, theoretisch möglich: die Ehe des Disziplinarrichters ist gerichtlich geschieden, darnach wird die ehemalige Ehefrau in den Staatsdienst aufgenommen und erlangt die Unwiderruflichkeit; praktisch wird dieser Fall kaum werden;

c) wenn er mit dem Beschuldigten oder Verletzten in gerader Linie verwandt, verschwägert oder durch Adoption verbunden, in der Seitenlinie bis zum 3. Grad verwandt oder bis zum 2. Grad verschwägert ist, auch wenn die Ehe, durch welche die Schwägerschaft begründet wurde, nicht mehr besteht (§ 22 Ziffer 3 StPO., Artikel 128¹ BG.; vgl. §§ 1589, 1590, 1741 ff. BGB.);

d) wenn er in der Sache als Beamter der Staatsanwaltschaft, Polizeibeamter, Anwalt des Verletzten oder Verteidiger tätig gewesen ist (§ 22 Ziffer 4 StPO., Artikel 128¹ BG.); zu beachten: „in der Sache", das heißt in derselben Disziplinarstrafsache; wenn der Disziplinarrichter in der Kriminalstrafsache, der möglicherweise derselbe Tatbestand unterliegt, als Richter, Beamter der Staatsanwaltschaft, Polizeibeamter, Anwalt des Verletzten oder Verteidiger tätig gewesen ist, so bildet dies keinen gesetzlichen Ausschließungsgrund; der Disziplinarrichter kann eventuell wegen Besorgnis der Befangenheit abgelehnt werden;

e) wenn er in der Sache als Zeuge oder Sachverständiger vernommen ist (§ 22 Ziffer 5 StPO., Artikel 128¹ BG.); vgl. die Bemerkung zu d);

f) beim Disziplinarhof, wenn er bei einer durch ein Rechtsmittel angefochtenen Entscheidung der Disziplinarkammer mitgewirkt hat (§ 23¹ StPO., Artikel 128¹ BG.);

g) der Untersuchungsbeamte ist von der Mitwirkung bei der Hauptverhandlung und einer außerhalb der Hauptverhandlung ergehenden Entscheidung in den Sachen ausgeschlossen, in denen er die Voruntersuchung geführt hat (§ 23² StPO., Artikel 128¹ BG.).

Entgegen § 23³ StPO., jedoch im Anschluß an den Entwurf einer neuen Strafprozeßordnung ist es im Disziplinarverfahren zulässig, daß Richter, die bei dem Erlaß des Verweisungsbeschlusses mitgewirkt haben, an der Verhandlung teilnehmen.

Hat entgegen den vorstehend aufgeführten Vorschriften ein kraft Gesetzes ausgeschlossener Disziplinarrichter beim Disziplinarverfahren mitgewirkt, so sind seine Handlungen nichtig; war er bei einer Urteilsfällung oder einer Beschlußfassung beteiligt, so ist deswegen das Urteil oder der Beschluß nichtig.

Was die oben unter 4. erwähnten Fälle betrifft, die die Unparteilichkeit und Objektivität eines Disziplinarrichters ausschließen können, aber nicht notwendig ausschließen müssen (Gründe der Befangenheit), so können diese so verschiedener Natur sein, daß das Gesetz von ihrer Aufzählung absieht; es verlangt nur, daß Gründe vorliegen, welche geeignet sind, Mißtrauen gegen die Unparteilichkeit eines Richters zu rechtfertigen (§ 24² StPO., Artikel 128¹ BG.). Es werden hier z. B. in Betracht kommen ein enges freundschaftliches Verhältnis zwischen dem Beschuldigten und dem Richter, heftige Feindschaft zwischen beiden, die Teilnahme an dem wegen der gleichen Handlung stattgefundenen Kriminalstrafverfahren, sei es als Richter, Staatsanwalt, Verteidiger, Vertreter des Privatklägers, Zeuge oder Sachverständiger usw.

Staatsanwalt und Beschuldigter haben einen Anspruch darauf, daß beim Disziplinarverfahren nicht unfähige oder befangene Richter mitwirken. Dieser Anspruch tritt im Ablehnungsrecht zu Tage, das dem Staatsanwalt und dem Beschuldigten zusteht (§ 24^3 StPO., Artikel 128^1 BG.).

Wenn auch das Gesetz (§ 24^1 StPO., Artikel 128^1 BG.) sagt, daß ein Richter sowohl in den Fällen, in denen er von der Ausübung des Richteramtes kraft Gesetzes ausgeschlossen ist, als auch wegen Besorgnis der Befangenheit abgelehnt werden kann, so ist doch nur im letzteren Fall ein eigentliches Ablehnungsrecht gegeben; denn wäre auch im ersteren Fall ein wirkliches Ablehnungsrecht gegeben, so müßte auf dieses mit der Wirkung gültig verzichtet werden können, daß der Disziplinarrichter zur Entscheidung dieses Falles fähig wird. Dies ist jedoch im ersteren Fall nicht zutreffend; es handelt sich daher hier nur um einen Hinweis des Staatsanwaltes oder Beschuldigten darauf, daß der Disziplinarrichter wegen eines bestimmten Grundes kraft Gesetzes von der Ausübung des Disziplinarrichteramtes ausgeschlossen ist.

Dagegen liegt im letzteren Fall ein wirkliches Ablehnungsrecht vor; auf dieses kann wirksam verzichtet werden.

Das Ablehnungsrecht erstreckt sich nicht nur auf die in der Hauptverhandlung tätigen Richter, sondern auf alle Richter, die in diesem Verfahren eine disziplinarrichterliche Tätigkeit entfalten, also auch auf die bei einem außerhalb der Hauptverhandlung ergehenden Beschluß mitwirkenden Disziplinarrichter usw. Dagegen erstreckt sich das Ablehnungsrecht nicht auf den Untersuchungsbeamten (vgl. Brand Seite 158).

Ablehnungsgesuche wegen Besorgnis der Befangenheit sind bei Vermeidung des Ausschlusses spätestens vor Beginn der Hauptverhandlung bei dem Disziplinargericht anzubringen, dem das abzulehnende Mitglied angehört (Artikel 128^4 BG.). Wird dagegen ein Disziplinarrichter abgelehnt, weil er von der Ausübung des Richteramts kraft Gesetzes ausgeschlossen ist, so kann das Ablehnungsgesuch auch noch nachher angebracht werden; dies ergibt sich daraus, daß der beschränkende Absatz 4 des Artikel 128 BG. nur von Ablehnungsgesuchen wegen Besorgnis der Befangenheit spricht.

Das Ablehnungsgesuch kann mündlich (bei Ablehnung wegen Besorgnis der Befangenheit unmittelbar vor Beginn der Hauptverhandlung, im übrigen unmittelbar vor oder in der Hauptverhandlung) oder schriftlich angebracht oder zu Protokoll des Gerichtsschreibers des Disziplinargerichts erklärt werden (§ 26^1 StPO., Artikel 128^1 BG.). Hiebei ist der Ablehnungsgrund glaubhaft zu machen; die Glaubhaftmachung kann mittels aller Beweismittel mit Ausnahme des Eides, ferner durch Bezugnahme auf das Zeugnis des abgelehnten Richters erfolgen. Das Ablehnungsgesuch wird dem abgelehnten Disziplinarrichter mitgeteilt, welcher sich hierüber dienstlich zu äußern hat (§ 26^3 StPO., Artikel 128^1 BG.).

Über das Ablehnungsgesuch entscheidet das Disziplinargericht, dem der abgelehnte Disziplinarrichter angehört (Artikel 128^2 BG.). Wird die Disziplinarkammer durch Ausscheiden der abgelehnten Mitglieder beschlußunfähig, so entscheidet der Disziplinarhof und verweist erforderlichenfalls die Aburteilung der Sache an eine andere Disziplinarkammer (Artikel 128^3 BG.). Der auf ein Ablehnungsgesuch ergangene Beschluß ist durch ein Rechtsmittel nicht anfechtbar (Artikel 128^5 BG.).

Bis zur Erledigung des Ablehnungsgesuches hat ein abgelehnter Richter nur solche Handlungen vorzunehmen, die keinen Aufschub gestatten (§ 29 StPO., Artikel 128^1 BG.).

Wird dem Ablehnungsgesuch wegen Besorgnis der Befangenheit stattgegeben, so ist fortan ein solcher Disziplinarrichter wie ein kraft Gesetzes ausgeschlossener Richter zu betrachten, das heißt: würde er trotzdem in diesem Prozeß noch tätig sein, so wären seine Handlungen nichtig, ein Urteil oder Beschluß, bei dem er mitgewirkt hätte, wäre ebenfalls nichtig.

Das Gericht hat auch dann zu entscheiden, wenn ein Ablehnungsgesuch nicht vorliegt, ein Disziplinarrichter aber von einem Verhältnis Anzeige macht, welches seine Ablehnung rechtfertigen könnte, oder wenn aus anderen Gründen Zweifel darüber entstehen, ob ein Richter kraft Gesetzes ausgeschlossen sei (§ 30 StPO., Artikel 128[1] BG.).

Alles, was vorstehend von der Ablehnung und Ausschließung von Disziplinarrichtern gesagt wurde, gilt analog auch von der Ausschließung und Ablehnung des Gerichtsschreibers des Disziplinargerichts (§ 31[1] StPO., Artikel 128[1] BG.). Zur Entscheidung ist das Disziplinargericht berufen, dem der Gerichtsschreiber beigegeben ist (§ 31[2] Satz 2 StPO., Artikel 128[1] BG.).

Um Zweifel auszuschließen, sei bemerkt, daß eine Ausschließung oder Ablehnung des Staatsanwalts nicht vorgesehen ist.

§ 20.

Die Öffentlichkeit des Verfahrens.

Grundsatz ist, daß die Verhandlungen in Disziplinarsachen geheim sind. Diese Bestimmung erschien angezeigt einerseits mit Rücksicht auf den Beamten, der nicht unnötig in der Öffentlichkeit bloßgestellt werden soll (diese Erwägung findet sich für einen bestimmten Fall schon in der Bekanntmachung der churfürstlichen Landesdirektion vom 2. Dezember 1803, die Vorschriften der Gerichtsordnung, 15. Kapitel § 11 Nummer 9 betreffend), anderseits mit Rücksicht darauf, daß in den Verhandlungen der Disziplinargerichte vielfach Dinge erörtert werden, bezüglich welcher den Beamten die Amtsverschwiegenheit im staatlichen Interesse auferlegt ist und die nicht gelegentlich einer Disziplinarverhandlung zwecklos der Öffentlichkeit preisgegeben werden sollen. Auch Perels und Spilling Seite 208 sprechen sich für das Reichsrecht gegen die Öffentlichkeit, die dort durchgeführt ist, aus.

Allerdings ist nicht zu verkennen, daß auch erhebliche Gründe für die Öffentlichkeit des Verfahrens geltend gemacht werden. Die Entscheidung der Schuld- und Straffrage ist völlig in das Ermessen des Disziplinarrichters gestellt; es läßt sich nicht leugnen, daß das Vertrauen in die Gerechtigkeit der Urteile des Disziplinargerichts erheblich gestärkt würde, wenn durch öffentliches Verhandeln gewissermaßen eine Kontrolle des Verfahrens ermöglicht würde. Weiterhin ist hervorzuheben, daß ein unschuldiger Beamter, gegen den so schwere Anschuldigungen erhoben werden, den Wunsch haben muß, in voller Öffentlichkeit seine Unschuld zu erweisen. Endlich hat auch die Öffentlichkeit ein Interesse daran, zu sehen, wie die Beamtendisziplin gehandhabt wird; denn die Disziplinarbestrafung eines Beamten ist kein Internum zwischen diesem und dem Disziplinargericht, sondern in hohem Maß eine öffentliche Angelegenheit (ähnlich Kanngießer Seite 201). Diese Gründe haben dazu geführt, für das Verfahren vor dem Staatsgerichtshof die Öffentlichkeit einzuführen (Gesetz vom 4. Juni 1848, die Verantwortlichkeit der Minister betreffend, Artikel XI Absatz 1). Bei den anderen Beamten kommt jedoch diesen Gründen ein geringeres Gewicht zu, sodaß sich der Ausschluß der Öffentlichkeit rechtfertigen läßt.

Wie der eingangs aufgeführte Grundsatz im einzelnen durchgeführt ist, muß für die beiden Hauptabschnitte des Disziplinarprozesses gesondert erörtert werden.

a) Im Vorverfahren ist der Grundsatz ziemlich streng durchgeführt. Den Vernehmungen des Beschuldigten darf weder der Staatsanwalt (Artikel 134[4] Satz 1 BG.) noch der Verteidiger beiwohnen, den Vernehmungen der Zeugen und Sachverständigen weder der Staatsanwalt, noch der Beschuldigte (Artikel 134[5] Satz 1 BG.), noch dessen Verteidiger. Insoweit ist das Prinzip streng gewahrt; es sind jedoch folgende Ausnahmen zu verzeichnen:

1. Staatsanwalt, Beschuldigter und dessen Verteidiger dürfen anwesend sein, wenn ein Zeuge oder Sachverständiger vernommen wird, der voraussichtlich am Erscheinen in der Hauptverhandlung verhindert oder dessen Erscheinen wegen großer Entfernung besonders erschwert sein wird (Artikel 134⁵ BG.); auch in diesem Fall kann jedoch der Beschuldigte von der Anwesenheit ausgeschlossen werden, wenn zu befürchten ist, daß der Zeuge in Gegenwart des Beschuldigten die Wahrheit nicht sagen werde (Artikel 134⁶ BG.).
2. Der Staatsanwalt kann stets, ohne daß jedoch das Verfahren dadurch aufgehalten werden darf; von dem Stand der Voruntersuchung durch Einsicht der Akten Kenntnis nehmen (Artikel 136¹ BG.).
3. Im Lauf der Voruntersuchung soll dem Beschuldigten, soweit es ohne Gefährdung des Untersuchungszweckes geschehen kann, im Interesse seiner Verteidigung von wichtigen oder neuen Beweisergebnissen Mitteilung gemacht werden (Artikel 136³ BG.). Vor Schluß der Voruntersuchung muß dem Beschuldigten das Ergebnis derselben mitgeteilt werden (Artikel 136² BG.).
4. In die Anschuldigungsschrift muß der Staatsanwalt die wesentlichen Ergebnisse der Ermittelungen aufnehmen. Diese Anschuldigungsschrift muß dem Beschuldigten mitgeteilt werden (Artikel 137⁴ BG.).

b) In der Hauptverhandlung ist der Grundsatz der Parteienöffentlichkeit durchgeführt; dies ist als selbstverständlich vorausgesetzt. Ausdrücklich wurde die Parteienöffentlichkeit für die Vernehmungen außerhalb der Hauptverhandlung durch Artikel 147² BG. anerkannt.

Im übrigen ist die Hauptverhandlung nicht öffentlich (Artikel 143³ Satz 1 BG.); es ist jedoch dem Ministerium beziehungsweise der von diesem ermächtigten Behörde gestattet, einen Beamten in die Verhandlung abzuordnen (Artikel 143³ Satz 2 BG.). Diese Bestimmung wurde getroffen, weil die genannten Behörden aus dienstlichen Gründen ein wichtiges Interesse daran haben, von dem Ergebnis der Hauptverhandlung unmittelbar und sofort Kenntnis zu erhalten (vgl. Begründung Seite 209). Außerdem können auf Antrag des Beschuldigten einzelne Personen nach dem Ermessen des Vorsitzenden als Zuhörer zugelassen werden (Artikel 143³ Satz 3 BG.); zu beachten ist, daß hiezu ein Antrag des Beschuldigten erforderlich ist; seine bloße Einwilligung würde nicht genügen.

Das Disziplinargericht hat nicht die Befugnis, den anwesenden Personen die Geheimhaltung von Tatsachen, welche durch die Verhandlung, durch die Anklageschrift oder durch andere amtliche Schriftstücke des Prozesses zu ihrer Kenntnis gelangen, zur Pflicht zu machen (vgl. dagegen § 175² GVG.); infolge dessen kann auch von der Anwendbarkeit des Artikel II des Gesetzes vom 5. April 1888, betreffend die unter Ausschluß der Öffentlichkeit stattfindenden Gerichtsverhandlungen, hier nicht die Rede sein.

Auf Disziplinarprozesse finden weiter weder Artikel III des letzterwähnten Gesetzes noch § 17 des Preßgesetzes Anwendung (RGE. 3, 42).

§ 21.

Die Sitzungspolizei.

Die Vorschriften über die Sitzungspolizei lehnen sich eng an die Bestimmungen des GVG. an.

1. Wer ist zur Handhabung der Sitzungspolizei berechtigt?
   a) In der Hauptverhandlung.
      α) Die Aufrechterhaltung der Ordnung in den Sitzungen liegt dem Präsidenten ob (§ 177 GVG., Artikel 143[4] BG.).
      β) Soll eine Person aus dem Sitzungssaal entfernt, verhaftet oder während einer bestimmten Zeit festgehalten werden oder gegen eine Person eine Ordnungsstrafe wegen Ungebühr ausgesprochen werden, so ist hiezu ein Beschluß des Disziplinargerichts erforderlich (§§ 178—180 GVG., Artikel 143[4] BG.).
      γ) Die Vollstreckung einer Ordnungsstrafe hat der Präsident unmittelbar zu veranlassen (§ 181 GVG., Artikel 143[4] BG.).
   b) Handelt es sich um einen Termin außerhalb der Hauptverhandlung, so stehen sämtliche unter α) bis γ) aufgeführten Befugnisse dem amtierenden Beamten oder Richter zu (§ 182 GVG., Artikel 143[4] BG.).

2. Wie ist die Sitzungspolizei zu handhaben?
   a) Die Aufrechterhaltung der Ordnung in den Sitzungen liegt, wie erwähnt, dem Präsidenten ob; er hat also dafür zu sorgen, daß sich das Verfahren in ordnungsmäßigen Grenzen hält, alle Personen sich in den Grenzen der Sitte und des Anstands bewegen und jegliche Störungen vermieden werden.
   b) Gehorchen die Beschuldigten, Zeugen, Sachverständigen oder an der Verhandlung nicht beteiligten Personen den zur Aufrechterhaltung der Ordnung erlassenen Befehlen des Präsidenten nicht, so kann das Disziplinargericht durch Beschluß anordnen, daß diese Personen aus dem Sitzungssaale entfernt, zur Haft abgeführt oder während einer in dem Beschluß zu bestimmenden Zeit, die jedoch 24 Stunden nicht überschreiten darf, festgehalten werden (§ 178 GVG., Artikel 143[4] BG.).
   c) Machen sich Beschuldigte, Zeugen, Sachverständige oder an der Verhandlung nicht beteiligte Personen in der Sitzung einer Ungebühr schuldig, so kann das Disziplinargericht vorbehaltlich der strafgerichtlichen Verfolgung eine Ordnungsstrafe bis zu 100 Mark oder bis zu 3 Tagen Haft festsetzen und sofort vollstrecken lassen (§ 179 GVG., Artikel 143[4] BG.).
   d) Macht sich ein bei der Verhandlung beteiligter Rechtsanwalt oder Verteidiger einer Ungebühr schuldig, so kann das Disziplinargericht durch Beschluß gegen ihn vorbehaltlich der strafgerichtlichen Verfolgung eine Ordnungsstrafe bis zu 100 Mark festsetzen (§ 180 GVG., Artikel 143[4] BG.).
   e) Die Sitzungspolizei umfaßt nicht das Recht, Ordnungsstrafen oder Zwangsmittel gegen den Staatsanwalt, den Gerichtsschreiber oder ein Mitglied des erkennenden Disziplinargerichts auszusprechen. Machen sich solche Personen einer Ungebühr schuldig, so ist es Sache des Präsidenten, an die den betreffenden Personen vorgesetzten Dienstbehörden zu berichten, welchen die weiteren Schritte vorbehalten bleiben.
   f) Ist eine Ordnungsstrafe wegen Ungebühr festgesetzt oder eine Person zur Haft abgeführt oder ein bei der Verhandlung Beteiligter entfernt worden, so

ist der Beschluß, dessen Veranlassung und der Vermerk, daß dieser Beschluß verkündet worden ist, in das Protokoll aufzunehmen (§ 184 GVG., Artikel 143^4 BG.).

g) Wird eine strafbare Handlung in der Sitzung begangen, so hat das Disziplinargericht den Tatbestand festzustellen und der zuständigen Behörde das darüber aufgenommene Protokoll mitzuteilen. In geeigneten Fällen ist die vorläufige Festnahme des Täters zu verfügen (§ 185 GVG., Artikel 143^4 BG.).

3. Beschwerde. Ist eine Ordnungsstrafe wegen Ungebühr verhängt worden, so findet gegen diesen Beschluß binnen der Frist von einer Woche nach der Bekanntmachung der Entscheidung Beschwerde statt (§ 183^1 GVG., Artikel 143^4 BG.). Selbstverständlich gibt es gegen einen Beschluß des Disziplinarhofs keine Beschwerde.

§ 183^1 GVG., der in Artikel 143^4 BG. für entsprechend anwendbar erklärt worden ist, läßt Beschwerde nur zu, wenn der Beschluß nicht von einem Oberlandesgericht oder dem Reichsgericht erlassen worden ist. Dies beruht darauf, daß man das oberste Landesgericht und das Reichsgericht nicht zu einer Beschwerde-Instanz gegenüber den Oberlandesgerichten in Strafsachen machen wollte und man davon absah, einzig wegen der gelegentlich der Handhabung der Sitzungspolizei ergangenen Beschlüsse eine Ausnahme zu schaffen. Wenn es nun schon kaum angängig sein dürfte, die Entscheidung einer Disziplinarkammer als eine Entscheidung des Oberlandesgerichts zu bezeichnen, wenngleich die Disziplinarkammer bei dem Oberlandesgericht vorwiegend aus Mitgliedern desselben gebildet ist, so scheidet überdies hier die ratio legis aus, weil der Disziplinarhof ausdrücklich zur Berufungs- und Beschwerdeinstanz gegenüber den Disziplinarkammern erklärt wurde (Artikel 152^1 BG.). Es dürfte daher gegen die sitzungspolizeilichen Beschlüsse der Disziplinarkammer Beschwerde zulässig sein (vgl. Begründung Seite 212).

Soweit es sich um einen nicht von der Disziplinarkammer gefaßten Beschluß oder einen Beschluß auf Erlassung einer Ordnungsstrafe gegen einen Rechtsanwalt oder Verteidiger handelt, hat die Beschwerde aufschiebende Wirkung, andernfalls nicht (§ 183^2 GVG., Artikel 143^4 BG.).

§ 22.

Die Beratung und Abstimmung.

Mit Einschluß des Präsidenten entscheidet die Disziplinarkammer in der Besetzung von 5, der Disziplinarhof in der Besetzung von 7 Mitgliedern (Artikel 121^1, 125^1 BG.), und zwar gleichgültig, ob die Beratung in der Hauptverhandlung oder außerhalb derselben erfolgt. Es ist selbstverständlich, daß Disziplinarrichter nur in der eben angegebenen gesetzlich bestimmten Anzahl mitwirken dürfen (Artikel 148^6 Satz 1 BG., § 194^1 GVG.). Ist ein Ergänzungs-Disziplinarrichter beigezogen, so darf dieser an der Beratung und Abstimmung nur dann teilnehmen, wenn ein Richter inzwischen weggefallen ist.

Bei den Beratungen und Abstimmungen dürfen außer den zur Entscheidung berufenen Richtern nur die be demselben Gericht zu ihrer juristischen Ausbildung beschäftigten Personen zugegen sein, soweit der Präsident deren Anwesenheit gestattet (§ 195 GVG., Artikel 148^6 Satz 1 BG.). Nach den geltenden Vorschriften kommen Rechtspraktikanten hier nicht in Betracht; es kann sich also nur darum handeln, daß jemand auf besonderes Ansuchen vom Ministerium zu seiner juristischen Ausbildung, speziell im Disziplinarrecht, an der Disziplinarkammer oder am Disziplinarhof beschäftigt ist.

Der Vorsitzende leitet die Beratung, stellt die Fragen und sammelt die Stimmen; ergeben sich Meinungsverschiedenheiten über den Gegenstand, die Fassung und die Reihenolge der Fragen oder über das Ergebnis der Abstimmung, so entscheidet das Gericht

(§ 196 GVG., Artikel 148^{6} Satz 1 BG.). Ist ein Disziplinarrichter bei der Abstimmung über eine vorhergegangene Frage in der Minderheit geblieben, so ist er deswegen nicht berechtigt, die Stimmabgabe bei einer folgenden Abstimmung zu verweigern (§ 197 GVG., Artikel 148^{6} Satz 1 BG.).

Im allgemeinen ist absolute Mehrheit der Stimmen erforderlich, also bei der Disziplinarkammer 3, beim Disziplinarhof 4 Stimmen (§ 198 GVG., Artikel 148^{6} Satz 1 BG.). Lediglich bei der Beratung des Urteils wird zu jeder dem Beschuldigten nachteiligen Entscheidung, welche die Fragen:

1. Ist der Beschuldigte schuldig?
2. Hat er die Dienstentlassung verwirkt?

betrifft, eine Mehrheit von zwei Drittel der Stimmen erfordert (Artikel 148^{4} BG.). Diese Mehrheit von zwei Drittel steigert sich jedoch tatsächlich zu einer Mehrheit von vier Fünftel bei der Disziplinarkammer und von fünf Siebentel beim Disziplinarhof. Diese Bestimmung wurde aus dem RDG. herübergenommen, bei dessen Beratung sie seinerzeit aus der Mitte der Kammer beantragt wurde und anfänglich auf heftigen Widerstand bei der Regierung stieß; nur um das Zustandekommen des Gesetzes nicht zu gefährden, hat die Staatsregierung schließlich ihren Standpunkt aufgegeben (Verh. d. K. d. Abg. 1880, Beilagen Band X Seite 206, Stenographische Berichte Band V Seite 34, Verh. d. K. d. RR. 1881 Prot. Band I Seite 1806 ff.). Gegen die Bestimmung wurde hauptsächlich geltend gemacht, es sei ja die Berufung zugestanden, was die zwei Drittel-Mehrheit unnötig mache; anderseits wurde darauf hingewiesen, daß § 262 StPO. dieselbe Bestimmung enthalte, die auch in die RAO. übergegangen sei; wenn dies auch bei der Strafe der Dienstentlassung gelte, so sei dies dadurch gerechtfertigt, daß diese Strafe in die gesamte Existenz des Beamten und seiner Familie so tief eingreife, daß man weitestgehende Garantien einführen müsse, um einen Fehlspruch zu verhüten.

Bilden sich bei der Abstimmung über die Höhe einer gemäß Artikel 109^{2} oder 118 Satz 2 oder 148^{2} BG. oder §§ 179, 180 GVG., Artikel 143^{4} BG. oder §§ 50^{1}, 69^{1}, 77^{1} StPO., Artikel 131^{2} BG. auszusprechenden Geldstrafe oder des Unterhaltsbeitrags (Artikel 110^{2} BG.) oder die Dauer einer nach §§ 178, 179 GVG., Artikel 143^{4} BG. oder §§ 50^{1}, $69^{1,2}$, Artikel 131^{2} BG. zu erkennenden Haft mehr als zwei Meinungen, deren keine die absolute Mehrheit für sich hat, so werden die Stimmen für die höchste Summe den Stimmen für die nächstniedrigere hinzugerechnet. Ergibt sich auch so keine absolute Mehrheit, so sind die Stimmen für die beiden höchsten Summen zu den Stimmen für die dritthöchste Summe hinzuzuzählen. Im Disziplinarhof besteht die Möglichkeit, daß auch jetzt noch keine absolute Mehrheit zustande kommt; dann ist das Verfahren für die vierthöchste Summe zu wiederholen (§ 198^{3} GVG., Artikel 148^{6} Satz 1 BG.).

Was die Reihenfolge bei der Abstimmung angeht, so stimmt zuerst der Berichterstatter, falls ein solcher ernannt ist, zuletzt der Vorsitzende. Im übrigen richtet sich die Reihenfolge nach dem Zeitpunkt der Ernennung zum Mitglied der Disziplinarkammer, falls dieser bei mehreren übereinstimmt, nach dem Dienstalter, falls auch dieses gleich ist, nach dem Lebensalter; der Jüngste stimmt zuerst (Artikel 148^{6} BG., § 199 GVG.).

§ 23.

Die Rechtshilfe.

Die Disziplinarkammern sind für den Bezirk des Oberlandesgerichts, bei dem sie errichtet sind, örtlich zuständig; sollen sie jedoch eine gedeihliche Wirksamkeit entfalten können, so müssen ihnen weitergehende Befugnisse eingeräumt sein. Dazu gehört zunächst das Recht, Zeugen und Sachverständige, die außerhalb des Bezirks der Disziplinarkammer wohnen, vorzuladen, sowie namentlich auch der Anspruch auf Rechtshilfe. Dieser Anspruch auf Rechtshilfe steht sowohl dem Untersuchungsbeamten als dem Disziplinargericht selbst zu (Artikel 134^{7}, 147^{1} BG.).

Zur Erledigung der Rechtshilfeersuchen sind alle bayerischen Beamten und Behörden (vgl. Artikel 134^{7} BG) verpflichtet, soferne ihnen nicht eine ungesetzliche Handlung zugemutet wird. Regelmäßig werden die Amtsgerichte in Betracht kommen. Wenn der Untersuchungsbeamte nicht das Amtsgericht, sondern einen anderen Beamten um die Vernehmung eines Zeugen oder Sachverständigen ersuchen will, hat er die Zustimmung des Präsidenten der Disziplinarkammer einzuholen; der ersuchte Beamte kann jedoch einen Nachweis, daß dies geschehen ist, nicht verlangen.

Außerbayerische Beamte und Behörden sind zur Gewährung von Rechtshilfe in Disziplinarsachen nicht verpflichtet. Weder das Rechtshilfegesetz vom 21. Juni 1869 noch §§ 158 ff. GVG. oder § 2 FGG. beziehen sich auf das Disziplinarverfahren; auch vertragsmäßige Verpflichtungen zur Gewährung von Rechtshilfe in Disziplinarsachen bestehen nicht. Außerbayerische Behörden brauchen sonach einem Rechtshilfeersuchen nicht stattzugeben (analog für das Reichsbeamtenrecht: Laband 2, 371, Pieper Seite 372 f., 395, Brand Seite 163, 172, Burghold DJZtg. 2, 171 ff., RG. E 19, 438; 22, 111. A. A. Perels und Spilling Seite 196, Arndt Seite 657 und die preußische Praxis: Goldammers Archiv 3, 121; 9, 57; 9, 487; 10, 356, 820; 14, 486; Oppenhoff, Rechtsprechung des Obertribunals in Strafsachen 1, 229, 388; 2, 249, 408; 3, 109; 7, 135; 14, 522; 15, 18; 16, 575; Seydel 146 ff.; Thilo 116; Kammergericht bei Johow, Jahrbuch der Entscheidungen des Kammergerichts 10, 3; vgl. aber die preußische Ministerialentschließung vom 30. April 1895 im Zentralblatt für die Unterrichtsverwaltung in Preußen 1895 Seite 431).

IV. Abschnitt.

Das Verfahren in Disziplinarstrafsachen.

I. Allgemeine Lehren.

§ 24.

Der Beschuldigte, seine Verteidigung und seine Vertretung.

„Beschuldigter" ist der technische Ausdruck des Gesetzes für den, gegen welchen ein Disziplinarstrafverfahren durchgeführt wird, solange er noch nicht verurteilt ist. Die terminologische Unterscheidung des Kriminalprozesses zwischen Angeschuldigten, Beschuldigten und Angeklagten ist dem Disziplinarverfahren fremd.

Im Hauptverfahren kommt dem Beschuldigten die Stellung einer wirklichen Partei, nicht etwa eines bloßen Beweismittels zu.

Der Beschuldigte kann sich im Hauptverfahren, nicht aber im Vorverfahren, sowohl vertreten lassen (Artikel 143² BG.) als auch des Beistandes eines Verteidigers bedienen (Artikel 142⁷ BG.).

Zum Verteidiger und Vertreter kann nur ein Rechtsanwalt gewählt werden (Artikel 142⁷, 143² BG.), andere Personen sind ausgeschlossen; auch der Präsident des Disziplinargerichts hat nicht die Befugnis, ausnahmsweise andere Personen als Verteidiger oder Vertreter zuzulassen (vgl. Kanngießer Seite 199, Perels und Spilling Seite 204). Es muß jedoch angenommen werden, daß ein gemäß § 25¹ RAO. als Vertreter eines Rechtsanwalts aufgestellter Rechtskundiger (Rechtspraktikant) als Verteidiger oder Vertreter in Disziplinarverfahren nicht zurückgewiesen werden darf. Dagegen dürfen, entgegen den Bestimmungen der StPO. (§§ 138, 139), als Verteidiger oder Vertreter nicht zugelassen werden: Rechtslehrer an deutschen Hochschulen, Rechtskundige, die die erste juristische Prüfung bestanden und im Justizdienst seit mindestens zwei Jahren beschäftigt sind, sowie andere Personen gemeinsam mit Rechtsanwälten.

Entscheidend für die Einführung dieser Beschränkung war die Rücksicht auf die Wichtigkeit der Sache und auf die Würde des Amtes des Beschuldigten (Motive zum RDG. Seite 593).

Der als Verteidiger oder Vertreter fungierende Rechtsanwalt erhält Gebühren nach Maßgabe der Bestimmungen der Reichsgebührenordnung für Rechtsanwälte (Artikel 20¹ der bayerischen Verordnung vom 26. März 1902, die Gebühren der Rechtsanwälte in Angelegenheiten der Verwaltung und der Verwaltungsrechtspflege betreffend); hiebei steht das Verfahren vor der Disziplinarkammer dem Verfahren vor den Strafkammern der Landgerichte gleich (Artikel 20³ a. a. O.).

Die Beigabe eines Vertreters oder Verteidigers von Amts wegen erfolgt in Disziplinarstrafsachen nicht.

§ 25.

Das Bestehen des Dienstverhältnisses als Prozeßvoraussetzung.

Wenn ein Beamter, gegen den ein Dienststrafverfahren schwebt, unter Verzicht auf Titel, Dienstabzeichen, Diensteinkommen, Ruhegehalt und Hinterbliebenenversorgung um Entlassung aus dem Staatsdienst nachsucht, so kann ihm die sofortige Entlassung nur solange versagt werden, als dies im Artikel 10 BG. bestimmt ist. Dagegen kann ihm die Entlassung nicht deswegen verweigert werden, weil ein Dienststrafverfahren gegen ihn schwebt. Dies ist in der Begründung (Seite 201) ausdrücklich ausgesprochen und auch aus Artikel 10 BG. zu entnehmen. Dadurch ist eine für das Reichsbeamtenrecht bestehende große Kontroverse (Literaturangabe bei Brand Seite 167) für das bayerische Recht gegenstandslos geworden.

Wenn der Beamte unter Verzicht auf alle aus dem Staatsdienstverhältnis entspringenden Rechte aus dem Beamtenverhältnis freiwillig ausscheidet und so — abgesehen vom Ehrenmoment — genau dasselbe freiwillig herbeiführt, was die schwerste Disziplinarstrafe zur Folge hätte, so wäre es, wie die Begründung (Seite 201) mit Recht hervorhebt, eine gewisse Härte und eine durch den Zweck der Dienststrafen — Schutz der Interessen des Staatsdienstes — nicht bedingte Maßregel, wenn der Beamte außer dem Verlust aller staatsdienerlichen Rechte auch noch eine Dienststrafe über sich ergehen lassen müßte. Der Staat ist durch das Entlassungsgesuch gewissermaßen klaglos gestellt; das Disziplinarverfahren verliert mit dem Beamtenverhältnis sein rechtliches Fundament und wird gegenstandslos (Kanngießer Seite 162).

Von diesen Erwägungen ausgehend, hat das bayerische Disziplinarrecht das Bestehen des Staatsdienstverhältnisses zur Prozeßvoraussetzung erhoben; das Disziplinarverfahren ist nur zulässig, wenn und solange das Staatsdienstverhältnis besteht. Es mußte daher auch bestimmt werden, daß das Disziplinarverfahren einzustellen ist, wenn der Beschuldigte unter Verzicht auf alle staatsdienerlichen Rechte um Entlassung aus dem Staatsdienst nachsucht, vorausgesetzt, daß er in Bezug auf seinen Dienst sich nicht in verschuldetem Rückstand befindet und über eine ihm anvertraute Verwaltung von öffentlichem Vermögen Rechenschaft abgelegt hat (Artikel 114 BG.).*)

Dieses Entlassungsgesuch kann bis zur Erlangung der Rechtskraft eines Disziplinarurteils mit der angegebenen Wirkung eingereicht werden (Preußisches Oberverwaltungsgericht vom 1. Oktober 1895 in der Deutschen Juristen-Zeitung 1, 79). Hervorzuheben ist, daß das Verfahren schon dann eingestellt werden muß, wenn der Beamte um Entlassung nachgesucht, nicht erst, wenn sie ihm antragsgemäß gewährt wird. Zwischen dem Gesuch und der Entlassung kann unter Umständen, selbst wenn der Beamte mit Dienstgeschäften nicht im Rückstand ist und er auch nicht Rechenschaft über eine Vermögensverwaltung abzulegen hat, ein Zeitraum bis zu einem Vierteljahr liegen, nämlich wenn mit Rücksicht auf die Fürsorge für die anderweitige Wahrnehmung der Dienstgeschäfte des Beamten gemäß Artikel 10 BG. die sofortige Entlassung verweigert wurde. In diesem Fall muß das Dienststrafverfahren mit der Einreichung des Gesuchs eingestellt werden. Dieser zeitliche Unterschied ist auch dann praktisch bedeutungsvoll, wenn der Beamte um Entlassung nachsucht, nachdem ein auf Dienstentlassung lautendes Disziplinarurteil erlassen worden ist, und dieses Urteil in der Zeit zwischen Gesuch und Genehmigung rechtskräftig werden würde.

Führt der Beamte außer seinem Amtstitel noch einen besonderen Titel, so ist zu prüfen, ob ihm dieser Titel mit Bezug auf sein Amt verliehen worden ist. Trifft dies zu, so muß sich der Verzicht auch auf diesen Titel erstrecken. Auf Orden braucht nicht verzichtet zu werden.

---

*) Vgl. § 9 der Bekanntmachung vom 22. Oktober 1909 (GVBl. S. 737).

Durch den Antrag des Beamten auf Versetzung in den Ruhestand wird der Fortgang des Dienststrafverfahrens nicht berührt, auch wenn dem Antrag im Laufe des Verfahrens stattgegeben wird (Begründung Seite 201).

Die Einstellung des Verfahrens ist durch Beschluß der Disziplinarkammer auszusprechen; eine Ausfertigung des Beschlusses ist dem Beschuldigten zu erteilen (vgl. Artikel 138², ⁴ BG.).

Hinsichtlich der Kostentragung und der Verwendung der einbehaltenen Gehaltsteile bei der Suspension (Artikel 171, 172 BG.) steht dieser Fall der Dienstentlassung durch Disziplinarurteil gleich (Artikel 162³, 175 BG., Begründung Seite 226).

§ 26.

Die Lehre vom Zeugnis.

Eines der wichtigsten Kapitel des Disziplinarverfahrens bildet die Lehre vom Zeugnis, die demgemäß sehr ausführlich hier erörtert werden soll.

Die Lehre vom Zeugnis ist im Beamtengesetz nur teilweise direkt geregelt. In Artikel 131¹ BG. ist zunächst festgesetzt, daß mit gewissen Ausnahmen die Zeugen eidlich zu vernehmen sind. Hinsichtlich der Verpflichtung, vor Gericht zu erscheinen und sich als Zeuge vernehmen zu lassen, der Folgen des Nichterscheinens oder der Verweigerung des Zeugnisses oder der Eidesleistung, sowie hinsichtlich der Zulässigkeit der Beeidigung und der Berufung auf einen früher geleisteten Eid, endlich bezüglich der Form der Eidesleistung und des Gebrauchs gewisser Beteuerungsformeln an Stelle des Eides sind für das Disziplinarverfahren die Vorschriften der Strafprozeßordnung und des bayerischen Ausführungsgesetzes zu derselben vom 18. August 1879 für entsprechend anwendbar erklärt. Die hier angezogenen Bestimmungen sind §§ 49—57, 59—64, 66, 69, 71¹ und ² StPO., Artikel 71 AGzStPO. Weiter enthält das Beamtengesetz Bestimmungen über die Zeugen in Artikel 134⁵—⁷, 142¹, ⁴—⁶, 144⁴, 145—147. Hinsichtlich der Zeugengebühren kommen endlich Artikel 5 GebGes. in der Fassung vom 28. April 1907, die Verordnung vom 22. September 1879, Gebühren der Zeugen und Sachverständigen betreffend, sowie die hiedurch für anwendbar erklärte Reichsgebührenordnung für Zeugen und Sachverständige vom 30. Juni 1878 in der Fassung vom 20. Mai 1898 in Betracht.

Nach allen diesen Vorschriften gestaltet sich das Zeugnisrecht im Disziplinarverfahren folgendermaßen:

I. Zeugnispflicht.

Die Zeugnispflicht ist nirgends direkt zum Ausdruckgebracht, wird jedoch als selbstverständlich vorausgesetzt und ergibt sich auch indirekt aus den im Gesetz aufgeführten Ausnahmen von der Zeugnispflicht. Dasselbe Verfahren ist für den Kriminalprozeß eingeschlagen (vgl. Laband III Seite 469, Stenglein zu § 51 StPO., Note 1).

Der Umfang der Zeugnispflicht ist im Disziplinarverfahren ein anderer als im Kriminalprozeß. Die Strafprozeßordnung ist ein Reichsgesetz, ihre Bestimmungen haben daher für das ganze Reichsgebiet Geltung. Dennoch ist jeder Deutsche verpflichtet, jedem deutschen Gerichte als Zeuge Rede und Antwort zu stehen, soweit nicht gesetzliche Ausnahmen Platz greifen. Dieses Recht kann jedes deutsche Gericht dadurch geltend machen, daß es jede in Deutschland sich aufhaltende Person vor sein Forum laden kann. Im Disziplinarprozeß, dessen Bestimmungen auf eine bayerische Rechtsquelle zurückgehen, gilt dasselbe mit Beschränkung auf Bayern. Eine Zeugnispflicht in Disziplinarsachen besteht sonach außerhalb Bayerns kraft der bayerischen Gesetzgebung nicht; aber auch andere Vorschriften anderer Gesetzgebungen zu gunsten der bayerischen Disziplinarprozesse bestehen nicht.

Die Zeugnispflicht im Disziplinarverfahren erstreckt sich somit auf sämtliche Personen, die sich in Bayern aufhalten. Ausgenommen sind kraft Völkerrechts die Exterritorialen, eingeschlossen dagegen nach dem Willen des Gesetzes die bayerischen Beamten mit außerbayerischem Amtssitz. Auch die Mitglieder der königlichen Familie sind der Zeugnispflicht unterworfen.

Da ein Beschuldigter nicht zugleich Zeuge sein kann, darf er in zusammenhängenden Disziplinarsachen beim Vorhandensein mehrerer Beschuldigter auch über Dinge nicht zeugschaftlich vernommen werden, die lediglich den anderen Beschuldigten betreffen (vgl. Stenglein § 48 Note 2, Löwe, Vorbemerkung zum 6. Abschnitt, Note 3a, RG. R IV 455, E VI 279, R X 343).

Als Zeugen können auch Kinder jeden Alters und Geisteskranke vernommen werden; es ist Sache des Richters, zu beurteilen, inwieweit solchen Aussagen Glaube beizumessen ist.

Die Zeugnispflicht besteht nur dem Disziplinargericht, nicht auch der Staatsanwaltschaft oder der antragstellenden Behörde gegenüber; ob sich aus dem sonstigen Verhältnis des Zeugen dieser Behörde gegenüber eine Auskunftspflicht ergibt, ist eine andere Frage.

Die Zeugnispflicht wird durch eine ordnungsmäßige Ladung begründet.

Die Zeugnispflicht schließt drei wichtige Pflichten in sich:

a) Die Pflicht, vor dem Disziplinargericht zu erscheinen. Der Zeuge muß sich an den in der Ladung angegebenen Ort (Sitzungssaal, Bureau, Ort, an dem ein Augenschein abgehalten werden soll usw.) begeben und von der in der Ladung angegebenen Stunde an solange dort verweilen, bis die Entlassung verfügt ist (Löwe § 50 Note 5). Andernfalls ist der Zeugniszwang anwendbar. Auch wenn der Zeuge glaubt, zeugnisverweigerungsberechtigt zu sein, ist er zum Erscheinen verpflichtet (Stenglein § 50 Note 3, Löwe § 50 Note 4, OLG. München VIII 188).

Ausnahmen von der Erscheinungspflicht greifen in folgenden Fällen Platz:

1. Überhaupt nicht vor Gericht, sondern in ihrer Wohnung sind zu vernehmen: die Landesherren und die Mitglieder der landesherrlichen Familien, der fürstlichen Familie Hohenzollern, des vormaligen Hannoverschen Königshauses, des vormaligen Kurhessischen, vormaligen herzoglich Nassauischen und des herzoglich Holnsteinschen Fürstenhauses (§ 71^1 StPO., Artikel 131^2 BG., Reichsgesetz vom 25. März 1904, RGBl. Seite 149), soweit diese überhaupt der Zeugnispflicht unterliegen.

2. An ihrem Amtssitz oder, wenn sie sich außerhalb desselben aufhalten, an ihrem Aufenthaltsort sind zu vernehmen: der Reichskanzler, die Minister eines Bundesstaates, die Mitglieder der Senate der freien Hansastädte, die Vorstände der obersten Reichsbehörden und die Vorstände der Ministerien (§ 49^1 StPO., Artikel 131^2 BG.), soweit diese überhaupt der Zeugnispflicht unterliegen. Halten sich die genannten Personen an einem Ort auf, der nicht zugleich Sitz eines Gerichts beziehungsweise einer Behörde ist, so hat sich der ersuchte oder beauftragte Richter oder Beamte an diesen Ort zu begeben, auch wenn sich die genannten Personen nur zum Vergnügen, zum Kurgebrauch usw. dort aufhalten (Löwe § 49 Note 4, 5); innerhalb dieses Ortes kann die Vorladung an einen beliebigen Platz erfolgen.

Oberste Reichsbehörden sind nach der Verordnung vom 23. November 1874 (RGBl. Seite 135), beziehungsweise nach den Verordnungen von den nachstehend angeführten Daten: das Reichsamt des Innern (24. 12. 79, Seite 321), das auswärtige Amt, das preußische, sächsische und württembergische Kriegsministerium, die Admiralität, das Reichseisenbahnamt, das Reichsbankdirektorium (19. 12. 75, Seite 378), das Reichspostamt (22. 12. 75, Seite 379, 23. 2. 80, Seite 25), das Reichsjustizamt, das Reichsamt für die Verwaltung der Reichseisenbahnen (27. 5. 78, 1879 Seite 193), das Reichschatzamt (14. 7. 79, Seite 196), das Reichsgericht (GVG. § 125), das Oberkommando der Marine und das Reichsmarineamt (30. 3. 89, Seite 47), das Reichsmilitärgericht (MStGO §§ 71 ff.) und das Reichskolonialamt (17. 5. 07, Seite 239).

Die Mitglieder des Bundesrats sind während ihres Aufenthalts am Sitz des Bundesrats an diesem Sitz und die Mitglieder einer gesetzgebenden Versammlung während der Sitzungsperiode und ihres Aufenthalts am Ort der Versammlung an diesem Ort zu vernehmen (§ 49^2 StPO., Artikel 131^2 VG.), soweit eine Zeugnispflicht überhaupt besteht. Der Ausdruck „Sitzungsperiode" umfaßt hier die Zeit der Vertagung nicht (RG. E 26, 253).

An anderen als den angegebenen Orten ist jeder Zeugniszwang und jede Vorladung ausgeschlossen; wenn sich aber eine der genannten Personen freiwillig an einem anderen Ort einfindet, darf sie vernommen werden.

Soll eine Abweichung von vorstehenden Bestimmungen stattfinden, so ist die Genehmigung der in § 49^3 StPO. genannten Behörden usw. zu erholen. Eine Verpflichtung Disziplinargerichts, stets um diese Genehmigung nachzusuchen, besteht nicht; dagegen des können das Gericht auf Antrag oder von Amts wegen, der Staatsanwalt, der Beschuldigte und der Verteidiger um diese Genehmigung nachsuchen; auch der zu vernehmende Beamte usw. kann die Genehmigung erholen und dem Disziplinargericht hievon Mitteilung machen (Löwe § 49 Note 3, teilweise anderer Meinung Stenglein § 49 Note 5). Die Genehmigung kann formlos erfolgen, sie kann auch dem zu vernehmenden Beamten mündlich eröffnet werden, der dies dem Gericht gegenüber eidlich bestätigen müßte (RG. in der Juristischen Wochenschrift 22, 289).

b) Die zweite in der Zeugnispflicht enthaltene Pflicht ist die Pflicht auszusagen. Der Zeuge ist verpflichtet, die Aussage so oft zu machen, als es der Disziplinarrichter zur Aufklärung der Sache für notwendig erachtet.

Die Pflicht auszusagen ist durch umfangreiche Ausnahmen durchbrochen — Zeugnisverweigerungsrecht. Dieses Recht besteht in der Befugnis des Zeugen zu erklären, er lasse sich nicht vernehmen; das Recht kann auch erst bei späteren Vernehmungen geltend gemacht werden. Macht ein Zeuge erst in der Hauptverhandlung von diesem Recht Gebrauch, so darf das Protokoll über seine etwaige frühere Vernehmung nicht verlesen werden (Artikel 144^4 Satz 2 VG.).

Der Einführung des Zeugnisverweigerungsrechtes liegen verschiedene Erwägungen zu grunde:

1. Gewisse Personen, die in besonders nahen Beziehungen zu dem Beschuldigten stehen, sollen nicht gezwungen werden, gegen ihn auszusagen. Der Gesetzgeber begegnet einem solchen Zeugnis mit Mißtrauen, weil er glaubt, daß solche Zeugen, wenn sie zur Aussage gezwungen werden, sich leicht zu einem falschen Zeugnis verleiten lassen könnten. Aus diesem Grund sind zeugnisverweigerungsberechtigt:

α) Der Verlobte des Beschuldigten (§ 51^1 Ziffer 1 StPO., Artikel 131^2 VG.). Verlöbnis ist nicht jedes Liebesverhältnis, auch wenn es von den Beteiligten so genannt wird, anderseits wird nicht eine Förmlichkeit (RG. E X 117, R VI 54) oder Öffentlichkeit des Verlöbnisses (RG. R IX 129) verlangt. Der Richter hat vielmehr nach freiem Ermessen zu entscheiden, ob ein ernst gemeintes gegenseitiges Eheversprechen vorliegt und hiebei insbesondere auch die Realisierbarkeit der Verlobung als Kriterium ihrer Ernstlichkeit in Betracht zu ziehen (RG. R. II. 182, E. XIV. 7). Entscheidend ist, ob das Verlöbnis zur Zeit der Vernehmung, nicht etwa zur Zeit der Tat besteht (RG. in der Juristischen Wochenschrift 23, 539). Mit der Auflösung des Verlöbnisses hört auch das Zeugnisverweigerungsrecht auf (RG. E. 31, 142, Löwe, § 51 Note 6, Stenglein § 51 Note 14).

β) Der Ehegatte des Beschuldigten, auch wenn die Ehe nicht mehr besteht (§ 51[1] Ziffer 2 StPO., Artikel 131[2] BG.).

γ) Diejenigen, welche mit dem Beschuldigten in gerader Linie verwandt, verschwägert oder durch Adoption verbunden oder in der Seitenlinie bis zum 3. Grad verwandt oder bis zum 2. Grad verschwägert sind, auch wenn die Ehe, durch welche die Schwägerschaft begründet ist, nicht mehr besteht (§ 51[1] Ziffer 3 StPO., Artikel 131[2] BG.). Gemäß Artikel 33 EGzBGB. finden, soweit in der StPO. an die Verwandtschaft oder Schwägerschaft rechtliche Folgen geknüpft sind, die Vorschriften des BGB. über die Verwandtschaft oder Schwägerschaft Anwendung; es sind demnach zeugnisverweigerungsberechtigt: Die ehelichen Aszendenten und Deszendenten, die Schwiegereltern und deren Aszedenten, die Schwiegerkinder und deren Deszendenten, der Adoptivvater, die Adoptivmutter und deren Aszedenten, die Geschwister (voll- und halbbürtige), Onkel, Tanten, Neffen, Nichten, sowie die Geschwister des Ehegatten. Die uneheliche Verwandtschaft begründet bezüglich der Mutter und deren Verwandten dasselbe Zeugnisverweigerungsrecht wie bei der ehelichen Verwandtschaft; dagegen besteht zwischen dem unehelichen Kind und seinem Vater und dessen Verwandten kein Verwandtschaftsverhältnis und infolgedessen auch kein Zeugnisverweigerungsrecht (§ 1705 BGB.).

Die unter α) bis γ) bezeichneten Personen sind vor jeder Vernehmung über ihr Zeugnisverweigerungsrecht zu belehren (§ 51[2] Satz 1 StPO., Artikel 131[2] BG.). Ein Zeuge, der in der Voruntersuchung vernommen worden ist, muß im Falle wiederholter Vernehmung in der Hauptverhandlung nochmals belehrt werden (RG. R. II. 161, E. II. 192). Dasselbe gilt für die Fälle, daß ein Zeuge mehrmals in der Voruntersuchung oder mehrmals in der Hauptverhandlung vernommen wird, nach seiner ersten Vernehmung aber entlassen wurde (RG. E. 12, 403) und zwar auch dann, wenn der Zeuge bei seiner früheren Vernehmung ausdrücklich auf sein Zeugnisverweigerungsrecht verzichtet hat (RG. E. II. 192, R. II. 161). Eine wiederholte Belehrung ist nicht erforderlich, wenn der Zeuge, ohne entlassen worden zu sein, bei derselben Verhandlung mehrmals befragt wird, auch wenn diese Fragen zeitlich nicht unmittelbar auf einander folgen (RG. R. VII. 512, E. XII. 403). Die Belehrung muß auch dann erteilt werden, wenn ersichtlich ist, daß der Zeuge kein Verständnis für sie hat (RG. E. IV. 398, R. III. 488). Die Zuziehung des gesetzlichen Vertreters bei der Belehrung von unmündigen Zeugen ist nicht erforderlich (RG. E. XII. 403). Ob die Belehrung zu erteilen ist oder nicht, entscheidet in der Hauptverhandlung der Präsident und nur, wenn zwischen diesem und einem Disziplinarrichter oder einem Prozeßbeteiligten Meinungsverschiedenheit hierüber besteht, ist ein Beschluß des Disziplinargerichts erforderlich (vgl. Stenglein § 51 Note 21).

Die unter α) bis γ) genannten Personen können den Verzicht auf ihr Zeugnisverweigerungsrecht auch während der Vernehmung widerrufen (§ 51[2] Satz 2 StPO. Artikel 131[2] BG.).

2. Niemand braucht sich oder einen nahen Angehörigen einer strafbaren Handlung zu bezichtigen; es ist daher bestimmt, daß jeder Zeuge die Auskunft auf solche Fragen verweigern darf, deren Beantwortung ihm selbst oder einem oben sub 1 α) bis γ) bezeichneten Angehörigen die Gefahr strafgerichtlicher Verfolgung zuziehen würde (§ 54 StPO., Artikel 131[2] BG.). Es genügt nicht die Gefahr einer Disziplinarverfolgung, eines unmittelbaren Vermögensschadens, der Preisgabe von Kunst- und Gewerbegeheimnissen oder die Befürchtung, daß die Beantwortung zur Unehre gereicht (vgl. dagegen § 384 ZPO.). Da das Gesetz die Gefahr strafgerichtlicher Verfolgung verlangt, ist kein Zeugnisverweigerungsrecht gegeben, wenn die betreffende strafbare Handlung verjährt oder rechtskräftig abgeurteilt oder wenn die Antragsfrist versäumt ist, ein Strafausschließungsgrund vorliegt oder die Handlung aus einem anderen Grund nicht verfolgt werden kann (ebenso Stenglein § 54 Note 1).

Der Zeuge darf die ihm zustehende Befugnis nur dadurch geltend machen, daß er ausdrücklich die Auskunft verweigert, nicht etwa dadurch, daß er einzelne Tatumstände verschweigt (RG. R. V. 372).

3. Bei der dritten Gruppe liegt der Grund des Zeugnisverweigerungsrechtes darin, daß bestimmten Personen gewisse Dinge in Ausübung ihres Berufs anvertraut sind und die Wahrung dieses Geheimnisses infolge der Eigenart des Berufes besonders notwendig erscheint.

Hiebei ist unter „anvertrauen" jede Mitteilung zu verstehen; es ist nicht notwendig, daß Verschwiegenheit ausbedungen wurde; es ist auch belanglos, ob der Beschuldigte oder jemand anderer die Tatsachen mitgeteilt hat; es ist lediglich erforderlich, daß aus Anlaß der Berufstätigkeit diese Tatsachen dem Zeugen bekannt wurden. Selbstverständlich dauert dieses Zeugnisverweigerungsrecht auch dann noch an, wenn der Zeuge sich nicht mehr in dieser Stellung befindet (Stenglein § 52 Note 2 und 4, Löwe § 52 Note 2).

Hienach sind folgende Personen zeugnisverweigerungsberechtigt:

α) Unbedingt die Geistlichen aller staatlich anerkannten Religionsbekenntnisse in Ansehung desjenigen, was ihnen bei Ausübung der Seelsorge anvertraut worden ist (§ 52[1] Ziffer 1 StPO., Artikel 131[2] BG.), also auch wenn sie von ihren Klienten von der Verpflichtung zur Verschwiegenheit entbunden sind;

β) nur bedingt, nämlich nur für den Fall, daß sie nicht von der Verpflichtung zur Verschwiegenheit entbunden sind:

αα) Die Verteidiger des Beschuldigten in Kriminal- und Disziplinarsachen in Ansehun desjenigen, was ihnen in dieser ihrer Eigenschaft anvertraut worden ist (§ 52 Ziffer 2 StPO., Artikel 131[2] BG.);

ββ) Rechtsanwälte und Ärzte in Ansehung desjenigen, was ihnen bei Ausübung ihres Berufs anvertraut worden ist (§ 52[1] Ziffer 3 StPO., Art. 131[2] BG.). Den Rechtsanwälten werden die gemäß § 25 RAO. aufgestellten Vertreter gleichgeachtet (Löwe § 52 Note 13b, Stenglein § 52 Note 9). Unter Ärzten sind die unter § 29[1] Gew.-O. fallenden Medizinalpersonen zu verstehen, mit Ausnahme der Tierärzte (Löwe § 52 Note 15, Stenglein § 52 Note 10, welcher jedoch auch die Tierärzte einbezieht, was dem ganzen Zweck der Vorschrift widerspricht). Bedauerlicher Weise gehören nicht hieher die Rechtspraktikanten hinsichtlich dessen, was sie bei ihrer Tätigkeit bei einem Anwalt oder gemäß § 116 ZPO. erfahren, ebenso die Medizinalpraktikanten.

Vorstehende Fälle von Zeugnisverweigerungsrechten sind als Ausnahmebestimmungen einer analogen Ausdehnung nicht fähig. Es ist demnach z. B. unzulässig, daß jemand hinsichtlich seiner Stimmenabgabe bei einer geheimen Wahl das Zeugnis verweigert (RG. R. VI. 517). Das Reichsgericht hat jedoch hinsichtlich der Vorgänge bei der Beratung und Abstimmung den Richtern, Schöffen und Geschworenen ein Zeugnisverweigerungsrecht beigelegt (RG. E. 26, 202), das konsequenterweise auch auf die bei der Beratung anwesenden Rechtspraktikanten ausgedehnt werden muß.

Die Tatsachen, auf die der Zeuge sein Zeugnisverweigerungsrecht stützt, sind auf Verlangen glaubhaft zu machen (§ 55 Satz 1 StPO., Artikel 131[2] BG.); es genügt die eidliche Versicherung des Zeugen (§ 55 Satz 2 a. a. O.).

Kein Zeugnisverweigerungsrecht haben die Beamten. Nach § 53[1] Satz 1 StPO., Artikel 131[2] BG. dürfen öffentliche Beamte, auch wenn sie nicht mehr im Dienst sind, über Umstände, auf welche sich ihre Pflicht zur Amtsverschwiegenheit bezieht, als Zeugen nur mit Genehmigung ihrer vorgesetzten Dienstbehörde oder der ihnen zuletzt vorgesetzten Dienstbehörde vernommen werden. Diese Vorschrift legt lediglich dem vernehmenden

Richter oder Beamten die Pflicht auf, zu prüfen, ob die Genehmigung der vorgesetzten Dienstbehörde vorliegt, und verneinendenfalls von der Vernehmung des Beamten abzusehen. Vernimmt trotzdem der Richter oder Beamte den Beamten ohne Genehmigung, so ist dieser kraft der StPO. nicht berechtigt, das Zeugnis zu verweigern. Die Frage, ob hier nicht ein gesetzwidriger Befehl des Richters vorliegt, dem der Beamte nicht zu gehorchen braucht, ist hier nicht weiter zu erörtern.

Die dem Beamten vorgesetzte Dienstbehörde entscheidet in einer das Disziplinargericht bindenden Weise, ob sich die Pflicht zur Amtsverschwiegenheit auf das Zeugenbeweisthema bezieht (RG. E. VII. 74, R. IX, 123). Die Genehmigung kann auch auf bestimmte Punkte beschränkt werden; auch hieran ist das Disziplinargericht gebunden.

Die Genehmigung zur Vernehmung zu erholen, ist Sache des vernehmenden Disziplinarrichters, soweit die Vernehmung von dem Gericht angeordnet oder zugelassen ist; im Falle der unmittelbaren Ladung ist dies Sache desjenigen, der die Ladung veranlaßt.

Um eine schikanöse Vereitelung der Zeugnispflicht der Beamten zu verhindern, ist bestimmt, daß die vorgesetzte Dienstbehörde die Genehmigung nur versagen kann, wenn die Ablegung des Zeugnisses dem Wohle des Reichs oder eines Bundesstaates Nachteil bereiten würde (§ 53² StPO., Artikel 131² BG.). An die Stelle der vorgesetzten Dienstbehörde tritt bei Vernehmung des Reichskanzlers der Kaiser, bei Vernehmung eines Ministers der Landesherr und bei Vernehmung eines Mitglieds der Senate der freien Hansastädte dieser Senat (§ 53¹ Satz 2 StPO., Artikel 131² BG.).

c) Die dritte Pflicht, die in der Zeugnispflicht steckt, ist die Pflicht, das Zeugnis zu beschwören.

Entgegen den Bestimmungen der Strafprozeßordnung ist in Artikel 131¹ BG. vorgeschrieben, daß sämtliche Zeugen, also auch schon in der Voruntersuchung, eidlich zu vernehmen sind. Diese Abweichung vom Kriminalprozeß findet darin ihre Erklärung, daß im Disziplinarverfahren die Zeugen in der Hauptverhandlung in der Regel nicht mehr vernommen werden. Die Erheblichkeit der Aussage eines Zeugen ist für die Frage der Beeidigung völlig gleichgültig; soweit nicht ein gesetzliches Verbot oder eine gesetzliche Ermächtigung Platz greift, müssen alle Zeugen beeidigt werden, also auch dann, wenn sie ein Interesse am Ausgang des Disziplinarverfahrens haben oder wenn das Gericht der Ansicht ist, daß der Zeuge im Falle der Beeidigung einen Meineid oder fahrlässigen Falscheid schwören würde. Es ist auch vollkommen gleichgültig, ob der Zeuge an die Existenz Gottes glaubt; auch der Gottesleugner muß den Eid leisten (Löwe § 56 Note 9).

Auch das Prinzip der Beeidigung aller Zeugen erleidet einige Ausnahmen:

1. Die Mitglieder der bayerischen Königsfamilie brauchen überhaupt keinen Eid zu leisten; sie müssen ihre Angaben „bei Fürstlichen Trauen und Glauben“ versichern (Familienstatut vom 5. August 1819, Titel X § 3; EGzStPO. § 4).

2. Die Beeidigung des Zeugnisses können verweigern die oben sub b 1. genannten Personen; sie sind über dieses Recht zu belehren (§ 57² StPO., Artikel 131² BG.); die Belehrung über das Zeugnisverweigerungsrecht genügt nicht (RG. E. 9, 384, R. 7, 357). Ergibt sich erst nach der Beeidigung des Zeugen, daß dieser die Beeidigung verweigern konnte, so ist der Zeuge nachträglich über dieses Recht zu belehren; erklärt er, daß er auch bei rechtzeitiger Belehrung die Eidesleistung nicht verweigert hätte, so ist das Verfahren in Ordnung; andernfalls muß das Disziplinargericht Beschluß dahin fassen, daß die Aussage des Zeugen wie eine unbeeidigte zu würdigen ist. Die Erklärungen des Zeugen sind zu protokollieren.

3. Es dürfen nicht beeidigt werden:

α) Personen, die zur Zeit der Vernehmung das 16. Lebensjahr noch nicht vollendet oder wegen mangelnder Verstandesreife oder wegen Verstandesschwäche von dem Wesen und der Bedeutung des Eides keine genügende Vorstellung haben (§ 56 Ziffer 1 StPO., Artikel 131 [2] BG.). Das Alter ist nach § 187 [2] BGB. zu bestimmen; darnach genügt der Beginn des 17. Geburtstags, auch wenn die Geburt selbst am Abend erfolgt ist (RG. E. 35, 37; Löwe § 56 Note 8).

β) Personen, die nach den Bestimmungen der Strafgesetze unfähig sind, als Zeugen eidlich vernommen zu werden (§ 56 Ziffer 2 StPO., Artikel 131 [2] BG.). Es kommen hier nur die Urteile der Gerichte, auch die gemäß § 37 StGB. ergangenen, in Betracht; vgl. § 161 [1] StGB. Das Urteil muß ausdrücklich die Eidesfähigkeit aberkennen und bereits rechtskräftig sein (RG. R. I 269).

γ) Personen, die hinsichtlich der den Gegenstand der Untersuchung bildenden Tat als Teilnehmer, Begünstiger oder Hehler verdächtig oder bereits verurteilt sind (§ 56 Ziffer 3 StPO., Artikel 131 [2] BG.), das heißt

αα) falls dieselbe konkrete Handlung den Tatbestand auch des Kriminalvergehens bildet, die Personen, die nach Kriminalrecht als Teilnehmer, Begünstiger oder Hehler verdächtig oder verurteilt sind,

ββ) unter jeder Voraussetzung die Personen, die die zur Aburteilung stehende Handlung durch Teilnahme, Begünstigung oder Hehlerei gefördert und sich hiedurch eines selbständigen Disziplinarvergehens schuldig gemacht haben.

Die Beteiligung eines Zeugen an einer strafbaren Handlung gleicher oder ähnlicher Art genügt nicht (RG. E. 5, 362); das Wort „Tat" ist hier nicht mit „Tatbestand" eines Delikts" identisch, sondern bezeichnet die konkrete Handlung (Stenglein § 56 Note 14, Löwe § 56 Note 12). Als Teilnehmer erscheint jeder, der in strafbarer Weise bei der Tat mitgewirkt hat, es wird nicht erfordert, daß er dasselbe Delikt wie der Täter begangen hat (RG. E. 11, 300; 12, 122; 17, 101; R. 7, 193, 8, 34; 10, 18). Die Beteiligung des Zeugen muß strafbar sein (RG. R. 9, 312), ein Strafausschließungsgrund oder die Nichtverfolgbarkeit ist hier belanglos (RG. E. 14, 19; 22, 99; R. 8, 171), dagegen beseitigt ein Schuldausschließungsgrund die Strafbarkeit der Tat (RG. E. 31, 219).

Ergibt sich, daß ein Zeuge promissorisch beeidigt worden ist, der nicht hätte beeidigt werden dürfen, ist der Zeuge aber noch nicht verhört, so ist ein Gerichtsbeschluß zu fassen, daß der Eid sich auf die folgende Aussage des Zeugen nicht bezieht (RG. E. 28, 111). Ist der Zeuge aber schon vernommen, so ist ein Gerichtsbeschluß zu fassen, daß die Aussage des Zeugen als eine unbeeidigte zu würdigen ist, und in den Urteilsgründen anzugeben, daß sie wie eine unbeeidigte verwertet worden ist.

4. Haben die oben sub b 1. aufgeführten Personen von dem eben unter c 2. erwähnten Recht nicht Gebrauch gemacht, so entscheidet der Präsident, ob sie unbeeidigt zu vernehmen oder zu beeidigen sind (§ 57 [1] StPO., Artikel 131 [2] BG.); wenn seine Anordnung von einem Beteiligten beanstandet wird, ist ein Gerichtsbeschluß erforderlich (RG. E. 3, 46; 19, 354; R 2, 520; 5, 535, 639).

II. Zeugniszwang.

Das Interesse des Staates an einer geordneten Rechtspflege erfordert es, daß die Erfüllung der Zeugnispflicht erzwungen werden kann. Der Zwang gestaltet sich naturgemäß verschieden, je nachdem die eine oder andere der in der Zeugnispflicht enthaltenen Pflichten verletzt wird. Dieser Unterschied zeigt sich nicht nur in den Mitteln, die anzuwenden sind, sondern auch im Erfolg. Die Pflicht des Erscheinens vor Gericht kann unmittelbar erzwungen werden, dagegen sind nur indirekte Zwangsmittel zur Erfüllung der Aussage- und Eidespflicht denkbar. Von indirekten Mitteln wird auch beim Erscheinenszwang teilweise Gebrauch gemacht.

Kraft positiver Bestimmung in Artikel 131^2 BG. ist im Disziplinarverfahren der Zeugniszwang in gleicher Weise wie im Strafprozeß geregelt.

Die Befugnis zur Anwendung des Zeugniszwangs steht nicht nur dem Disziplinargericht selbst, sondern auch dem Untersuchungsbeamten und dem beauftragten oder ersuchten Richter oder Beamten zu (§§ 50^3, 69^3 StPO., Artikel 131^2 BG.); denn eben gegen diese ist der Ungehorsam verübt.

Die Festsetzung einer Strafe gegen eine dem aktiven Heer oder der aktiven Marine angehörende Militärperson erfolgt jedoch auf Ersuchen durch das Militärgericht und zwar durch den Gerichtsherrn unter Mitunterzeichnung durch den richterlichen Militärjustizbeamten, die Vollstreckung auf Anordnung des Gerichtsherrn (§§ 50^4, 69^5 StPO., Artikel 131^2 BG., § 19 EGzMStGO., § 97^2 MStGO.). Welche Militärpersonen zum aktiven Heer und zur aktiven Marine gehören, ist in der Anlage zum MStGB. bestimmt.

Das Disziplinargericht beziehungsweise der Richter oder Beamte hat sonach dem Militärgericht lediglich Mitteilung von dem Ungehorsam zu machen. Der Gerichtsherr hat zu bemessen, ob der Zeugniszwang zulässig und welche Strafe auszusprechen ist (OLG. München 6, 363). Hat das Militärgericht die Strafe verhängt, dann muß das Disziplinargericht den Zeugen in die Kosten verurteilen, wobei es an die Entscheidung des Militärgerichts, ob eine Verletzung der Zeugnispflicht vorliegt oder nicht, gebunden ist (Löwe § 50 Note 12; a. A. Stenglein § 50 Note 13, welcher glaubt, daß das Zivilgericht lediglich die Höhe der erwachsenen Kosten dem Militärgericht mitteilt und dieses dann die Verurteilung in die Kosten vornimmt).

Sollte eine Militärperson zwangsweise vorgeführt werden, so hat das Disziplinargericht oder der Richter oder Beamte die Militärbehörde hiewegen zu ersuchen; dasselbe gilt von der Zwangshaft. Die Anordnung der zwangsweisen Vorführung oder der Zwangshaft ist Sache des Disziplinargerichts, das die Militärbehörde nur um den Vollzug ersucht (§ 50^4 StPO., Artikel 131^2 BG.). Welche Militärbehörde zuständig ist, ergibt sich aus der Bekanntmachung des bayerischen Kriegsministeriums vom 10. Mai 1880 (JMBl. Seite 197).

Gegenüber Zivilpersonen ist der Zeugniszwang wie folgt geregelt:

a) Die Verpflichtung, vor Gericht zu erscheinen, setzt voraus, daß der Zeuge ordnungsmäßig geladen und sein Ausbleiben nicht genügend entschuldigt ist (§ 50^1 Satz 1, § 50^2 Satz 1 StPO., Artikel 131^2 BG.). Die Ladung ist nur dann ordnungsmäßig, wenn sie Zeit und Ort des Termins genau bezeichnet. Ob das Ausbleiben des Zeugen genügend entschuldigt ist, hat der Richter nach freiem Ermessen zu beurteilen. Die Praxis hat in einem Fall, wo ein Beamter anderweitig amtlich beschäftigt war und sich nicht vorher entschuldigt hatte, eine genügende Verhinderung nicht angenommen (OLG. München II 250; RG. E. 5, 738).

Ist der Zeuge trotzdem nicht erschienen, so ist zu unterscheiden:

1. Der Zeuge ist in dieser Sache zum erstenmal unentschuldigt ausgeblieben; in diesem Fall

α) muß er in die durch sein Ausbleiben verursachten Kosten sowie zu einer Geldstrafe bis zu 300 Mark und für den Fall, daß diese nicht beigetrieben werden kann, zur Strafe der Haft bis zu 6 Wochen verurteilt werden (§ 50^1 Satz 1 StPO., Artikel 131^2 BG.). Die Höhe der Strafe ist nach freiem richterlichen Ermessen zu bestimmen. Die Kosten setzen sich wie folgt zusammen. Jedenfalls umfassen sie die Kosten der Vollstreckung der erkannten Ordnungsstrafe, sodann die Kosten von Ladungen, Gebühren von Zeugen und Sachverständigen, Tagegelder und Reisekosten, die infolge des Ausbleibens des Zeugen für neue Termine usw. erwachsen. Hievon sind jedoch die Ersparnisse, die durch das Ausbleiben des Zeugen veranlaßt wurden, abzuziehen (geringere Zeugengebühren infolge kürzerer Terminsdauer usw.).

β) Außerdem kann neben den Maßregeln sub α) die zwangsweise Vorführung des Zeugen angeordnet werden (§ 50¹ Satz 2 StPO., Artikel 131² BG.).

2. Der Zeuge ist in derselben Sache wiederholt unentschuldigt ausgeblieben; in diesem Fall

α) muß der Zeuge jedesmal in die Kosten verurteilt werden (siehe oben sub 1α);

β) außerdem kann die zwangsweise Vorführung angeordnet werden (siehe oben 1β);

γ) neben den Maßregeln sub α) oder α) und β) kann, wenn erst einmal eine Geld- oder Haftstrafe ausgesprochen wurde, nochmals auf eine Geldstrafe bis zu 300 Mark und für den Uneinbringlichkeitsfall auf eine Haftstrafe bis zu 6 Wochen erkannt werden (§ 50¹ Satz 1 und 3 StPO., Artikel 131² BG.). Die Höhe der zweiten Strafe ist von der ersten ganz unabhängig. Das Verbot einer öfteren als zweimaligen Bestrafung bezieht sich jedoch auf den nämlichen Vernehmungsfall. Ist z. B. ein Zeuge in der Voruntersuchung zweimal bestraft worden und erscheint er in der Hauptverhandlung wieder nicht, so ist dies ein neuer Vernehmungsfall, weshalb eine neuerliche Bestrafung zulässig ist (Löwe § 50 Note 7, Stenglein § 50 Note 8).

Die Entscheidung über die Bestrafung des Zeugen kann sofort erfolgen; der Zeuge braucht nicht gehört zu werden; das Gericht kann aber auch erst dann beschließen, wenn dem Zeugen Gelegenheit zur Entschuldigung gegeben ist (Oberstes LG. München I. 340). Die Entscheidung erfolgt unter allen Umständen durch Beschluß, gegen den Beschwerde zulässig ist, soferne er nicht vom Disziplinarhof ausgeht (§ 346¹, ² StPO.); die Beschwerde führt, wenn der Beschluß von dem Untersuchungsbeamten oder dem von der Disziplinarkammer beauftragten oder ersuchten Beamten erlassen wurde, an die Disziplinarkammer, andernfalls an den Disziplinarhof (analog § 72 GVG.).

Wird das Ausbleiben des Zeugen genügend entschuldigt, nachdem die Zwangsmaßregeln ausgesprochen sind, so sind diese wieder aufzuheben (§ 50² Satz 2 StPO., Artikel 131² BG.); zur Aufhebung ist das Gericht bezw. der Richter oder Beamte zuständig, der sie verhängt hat, soferne diese noch mit der Sache befaßt sind, andernfalls während der Voruntersuchung der Untersuchungsbeamte, nach Schluß derselben das Disziplinargericht. Auch die Aufhebung erfolgt durch Beschluß.

b) Zeugniszwang tritt auch ein, wenn die Aussage oder Eidespflicht verletzt wird. In diesen Fällen

1. muß der Zeuge in die durch seine Weigerung verursachten Kosten und zur Geldstrafe bis zu 300 Mark, eventuell Haftstrafe bis zu 6 Wochen verurteilt werden (§ 69¹ StPO., Artikel 131² BG.). Die Strafe kann nur einmal erkannt werden.

2. Außerdem kann zur Erzwingung des Zeugnisses die Haft (Zwangshaft) angeordnet werden, jedoch nicht über die Zeit der Beendigung des Verfahrens in der Instanz und auch nicht über die Dauer von 6 Monaten hinaus (§ 69² StPO., Artikel 131² BG.). Die StPO., deren analoge Anwendung hier vorgesehen ist, setzt als Maximaldauer der Haft bei Übertretungen 6 Wochen, bei Vergehen und Verbrechen 6 Monate fest; es dürfte dem Charakter der Disziplinarvergehen im engeren Sinne entsprechen, sie den Verbrechen und Vergehen gleichzustellen.

Die Zwangshaft kann auf bestimmte oder unbestimmte Zeit verhängt werden. Sobald der Zeuge sich bereit erklärt, das Zeugnis abzulegen oder den Eid zu leisten, muß sie aufgehoben werden, außerdem wenn die bestimmte Zeit abgelaufen ist, für deren Dauer sie verhängt wurde, wenn 6 Monate seit ihrem Beginn verstrichen sind, wenn das Verfahren in der Instanz beendigt ist, wenn der Zeuge zeugnisverweigerungsberechtigt oder unfähig zur Ablegung des Zeugnisses wird, endlich wenn der Zeuge unfähig wird, als Zeuge einen Eid zu leisten, vorausgesetzt, daß die Haft nur wegen Verweigerung der Eidesleistung angeordnet wurde. Die auf bestimmte Zeit angeordnete Haft kann vor ihrem Ablauf bis zur gesetzlichen Maximaldauer verlängert werden.

Wenn der Zeuge nach Ausspruch der Strafe seiner Zeugnispflicht genügt, bleibt die Strafe dennoch bestehen und ist zu vollstrecken. Einen unrichtigen Strafbeschluß kann der Disziplinarrichter nur aufheben, wenn Beschwerde eingelegt ist (§ 348² StPO.), die gegen alle erwähnten Beschlüsse zulässig ist (§ 346 StPO.).

Ist die Geldstrafe nicht beitreibbar und daher an ihrer Stelle die Haftstrafe zu vollstrecken und ist außerdem Zwangshaft angeordnet, so ist zunächst die Zwangshaft und erst nach ihrer Beendigung die Haftstrafe zu vollstrecken (A. A. Löwe § 69 Note 6 a), und zwar deswegen, weil im Falle der Unterwerfung nach z. B. 2 Monaten der reiche Zeuge gegenüber dem armen im Nachteil wäre; bei gleicher Haftdauer hätte der arme Zeuge seine Strafe und die Zwangshaft abgesessen, der reiche Zeuge hätte die Zwangshaft hinter sich, müßte aber noch die Geldstrafe bezahlen.

III. Zeugengebühren.

Die Erfüllung der Zeugnispflicht in ihrem vollen Umfang gibt einen Anspruch auf Bezug von Zeugengebühren; keinen Anspruch hat demnach derjenige, der unbefugt das Zeugnis oder die Eidesleistung verweigert, während der Zeuge, der von seinem Recht, Aussage oder Eidesleistung zu verweigern, Gebrauch macht, des Anspruchs nicht verlustig geht. Nach Artikel 5 Geb.-Ges. in der Fassung vom 28. April 1907 und § 1¹ der Verordnung vom 22. September 1879, die Gebühren der Zeugen und Sachverständigen betreffend (GVBl. Seite 1283) findet hier die Reichsgebührenordnung vom 30. Juni 1878 (jetzt Fassung von 1898, RGBl. Seite 689) Anwendung. Auf dieses Gesetz kann hier nicht näher eingegangen werden. Gegen die Festsetzung der Zeugengebühr ist Beschwerde zulässig (§ 2³ der zitierten Verordnung), auf die die allgemeinen Vorschriften Anwendung finden (§ 2⁴ der Verordnung, § 17³ Geb.-O., Artikel 161 BG.).

IV. Zeugnisverfahren.

a) Benennung der Zeugen.

1. In dem Antrag auf Einleitung des Disziplinarverfahrens werden in der Regel bestimmte Personen genannt sein, die über wesentliche Punkte Zeugnis ablegen können.

2. Im Laufe der Voruntersuchung wird dem Untersuchungsbeamten eine Anzahl Personen bekannt werden, die Aussagen über die Anschuldigungspunkte zu machen imstande sind.

3. Der Staatsanwalt hat das Recht, Zeugen zu benennen. Er kann dieses Recht schon während der Voruntersuchung ausüben, da er jederzeit von dem Stand der Voruntersuchung Kenntnis nehmen und Anträge stellen kann (Artikel 136¹ BG.). Weiter kann er eine Ergänzung der Voruntersuchung durch Zeugenvernehmungen beantragen (Artikel 137² BG.), sodann vor und während der Hauptverhandlung neue Zeugen benennen (Artikel 134⁴ Satz 2 BG.).

4. Auch der Beschuldigte und sein Verteidiger haben das Recht, Zeugen zu benennen und können es in der Voruntersuchung (Artikel 134⁴ Satz 1, 136² BG.), nach Schluß derselben vor der Hauptverhandlung (Artikel 142⁴ Satz 2 BG.) und in der Haupt-

verhandlung selbst (Artikel 145 BG.), und zwar in allen Stadien durch Anträge auf Vernehmung von Zeugen, in der Hauptverhandlung im Falle der Ablehnung eines Antrags auf Ladung von Zeugen auch durch unmittelbare Ladung der Zeugen nach Artikel 142^{6} BG. geltend machen.

5. Auch das Gericht kann Zeugen zur Stelle schaffen; dies ist zunächst Aufgabe des Untersuchungsbeamten, sodann hat der Präsident die Ladung von Zeugen von Amts wegen zu verfügen, soweit er diese Ladung nach dem Ergebnis der Voruntersuchung für nötig erachtet (Artikel 142^{4} Satz 1 BG.); endlich kann das Disziplinargericht im Laufe der Hauptverhandlung die Vernehmung von Zeugen beschließen (Artikel 145 BG.).

b) *Entscheidung über die Zulassung der Zeugen.*

Eine solche Entscheidung kommt nur bei der Benennung der Zeugen durch den Staatsanwalt, den Beschuldigten oder den Verteidiger in Betracht. Zur Entscheidung sind zuständig:

1. Der Untersuchungsbeamte während der Voruntersuchung;

2. der Präsident der Disziplinarkammer, falls der Staatsanwalt eine Ergänzung der Voruntersuchung durch eine Zeugenvernehmung beantragt und der Untersuchungsbeamte diesem Antrag nicht stattgeben will (Artikel 137^{2} BG.), ferner nach Schluß der Voruntersuchung bis zur Hauptverhandlung (Artikel 142^{4} Satz 2 BG.).

3. der Präsident des Disziplinarhofs in der Zeit zwischen Erlassung des Urteils I. Instanz und der Berufungsverhandlung;

4. das Disziplinargericht während der Hauptverhandlung (Artikel 145 BG.).

Einem Antrag auf Ladung von Zeugen ist stattzugeben, wenn die vermutlichen Aussagen der Zeugen belangreich und nicht schon durch andere Beweismittel festgestellt sind; auf Zeugnisverweigerungsrechte ist keine Rücksicht zu nehmen. Ladungsanträge müssen begründet werden, widrigenfalls sie abgelehnt werden können.

c) *In welchem Stadium und durch wen sollen die Zeugen vernommen werden?*

Während der Kriminalprozeß das Prinzip, daß alle Zeugen in der Hauptverhandlung zu vernehmen sind, mit geringen Ausnahmen durchgeführt hat, steht das Disziplinarverfahren auf dem entgegengesetzten Standpunkt. Grundsatz ist, daß die Zeugen durch den Untersuchungsbeamten in der Voruntersuchung zu vernehmen sind.

Der Untersuchungsbeamte vernimmt die Zeugen eidlich, soweit nicht eine gesetzliche Ausnahme (siehe oben) Platz greift (Artikel 131^{1} BG.). In der Hauptverhandlung findet dann keine Zeugenvernehmung mehr statt, wenn der Beschuldigte die den Gegenstand der Anschuldigung bildenden Tatsachen eingesteht und gegen die Glaubwürdigkeit des Geständnisses keine Bedenken obwalten (Artikel 144^{2} BG.). Trifft diese Voraussetzung nicht zu, so gibt ein Berichterstatter eine Darstellung der Beweisaufnahme der Voruntersuchung, wobei die Zeugenvernehmungsprotokolle zu verlesen sind (Artikel 144^{3}, ^{4} BG.). Beantragen jedoch Staatsanwalt, Beschuldigter oder Verteidiger, die Zeugen in der Hauptverhandlung zu vernehmen, so muß diesem Antrag entsprochen werden, wenn die Tatsachen erheblich sind, über die sie vernommen werden sollen und die Disziplinarkammer diese Vernehmung zur näheren Aufklärung der Sache für erforderlich erachtet (Artikel 146 BG.).

Unter Umständen ist auch die kommissarische Vernehmung eines Zeugen zulässig:

1. In der Voruntersuchung ist sie an die Voraussetzung geknüpft, daß die Vernehmung wegen großer Entfernung erschwert ist; in diesem Fall kann der Untersuchungsbeamte das Amtsgericht, in dessen Bezirk sich der Zeuge aufhält, oder mit Zustimmung

des Präsidenten der Disziplinarkammer auch einen anderen Beamten um die Vernehmung ersuchen (Artikel 136^{7} BG.). Handelt es sich um die Vernehmung einer Militärperson, so ist ebenfalls das Amtsgericht, nicht etwa ein Militärgericht um die Vernehmung zu ersuchen.

2. Stehen dem Erscheinen des Zeugen zur Hauptverhandlung Krankheit oder andere unabweisbare Hindernisse entgegen, oder ist sein Erscheinen wegen großer Entfernung besonders erschwert, dann muß die Disziplinarkammer die Vernehmung durch einen beauftragten oder ersuchten Beamten anordnen (Artikel 147^{1} BG.).

3. Die kommissarische Vernehmung muß bei der Vernehmung von Mitgliedern des k. Hauses stattfinden; sie erfolgt durch den Präsidenten des Obersten Landesgerichts (Titel X § 3 des k. Familienstatuts vom 5. August 1819, EGzStPO. § 4).

4. Die kommissarische Vernehmung ist auch erforderlich bei der Vernehmung von Ministern usw., falls sich diese nicht am Sitz des Disziplinargerichts aufhalten (siehe oben).

d) Ladung der Zeugen.

Die Zeugen können schriftlich oder mündlich, telegraphisch oder telephonisch geladen werden. Erforderlich ist die genaue Angabe von Ort und Zeit des Termins, nicht aber die Androhung der Folgen des Ungehorsams. Erfolgt die Ladung schriftlich, so geschieht sie durch Zustellung einer beglaubigten Abschrift der Ladungsverfügung. Die Ladung einer dem aktiven Heer oder der aktiven Marine angehörigen Person des Soldatenstandes erfolgt durch Ersuchen der Militärbehörde (StPO. § 48^{2}). Über die Begriffe „Person des Soldatenstandes" siehe Anhang zum MStGB., „aktives Heer" siehe § 38 RMilG. vom 2. Mai 1874, „Militärbehörde" siehe Bekanntmachung des Kriegsministeriums vom 10. Mai 1880 (JMBl. Seite 197).

Die Zeugen werden von Amts wegen geladen mit der einzigen Ausnahme, daß Zeugen zur Hauptverhandlung nicht geladen werden, sofern der Präsident die Ladung nach dem Ergebnis der Voruntersuchung nicht für erforderlich erachtet (Artikel 142^{4} Satz 1 BG.). Die Ladung verfügt in der Voruntersuchung der Untersuchungsbeamte, sonst der Präsident (Artikel 142^{1} BG.). Lehnt der Präsident den Ladungsantrag ab, so hat der Beschuldigte das Recht der unmittelbaren Ladung (Artikel 142^{6} Satz 1 BG.). Macht er von diesem Recht Gebrauch, so hat er dies dem Präsidenten anzuzeigen (Artikel 142^{6} Satz 2 BG.). Ein unmittelbar geladener Zeuge ist nur dann zum Erscheinen verpflichtet, wenn ihm bei der Ladung die gesetzliche Entschädigung für Reisekosten und Zeitversäumnis bar dargeboten oder ihre Hinterlegung bei dem Gerichtsschreiber nachgewiesen ist (Artikel 142^{6} Satz 3 BG.).

e) Wer ist berechtigt, der Zeugenvernehmung anzuwohnen?

Diese Frage ist bereits oben bei der Lehre von der Öffentlichkeit behandelt worden.

f) Zeugenbelehrung.

Die Zeugen, die wegen persönlicher Beziehungen zu dem Beschuldigten (§ 51^{1} StPO.) zeugnisverweigerungsberechtigt sind, müssen auf ihr Recht, das Zeugnis und die Eidesleistung zu verweigern, belehrt werden (§§ 51^{2}, 57^{2} StPO., Artikel 131^{2} BG.). Im übrigen ist eine Belehrung der Zeugen über ihre Rechte und Pflichten, insbesondere auch ein Hinweis auf die Bedeutung des Eides nicht geboten.

g) Zeugeneid.

Der Disziplinarprozeß hat den Einzeleid und zwar prinzipiell den Voreid eingeführt. Es ist daher jeder Zeuge einzeln und vor seiner Vernehmung zu beeidigen und nur aus besonderen Gründen, insbesondere wenn Bedenken gegen die Zulässigkeit obwalten, darf die Beeidigung bis nach Schluß der Vernehmung ausgesetzt werden

(§ 60 StPO., Artikel 131² BG.). In der Hauptverhandlung entscheidet der Präsident über die etwaige Aussetzung der Beeidigung und nur, wenn sein Vorgehen beanstandet wird, das Disziplinargericht (analog nach § 237 StPO.; RG. E. III 370, Löwe § 60 Note 3 c).

Der Voreid lautet: „Ich schwöre bei Gott dem Allmächtigen und Allwissenden, daß ich nach bestem Wissen die reine Wahrheit sagen, nichts verschweigen und nichts hinzusetzen werde, so wahr mir Gott helfe" (§§ 61, 62 StPO., Artikel 131² BG.).

Der Nacheid lautet: „Ich schwöre bei Gott dem Allmächtigen und Allwissenden, daß ich nach bestem Wissen die reine Wahrheit gesagt, nichts verschwiegen und nichts hinzugesetzt habe, so wahr mir Gott helfe" (§§ 61, 62 StPO., Artikel 131² BG.).

Dabei sind die Worte „Ich schwöre . . . . Allwissenden" und „so . . . helfe" die Eidesformel, die übrigen Worte die Eidesnorm (§ 63¹ StPO.).

Der Zeuge ist verpflichtet, vorstehenden Eid zu leisten, auch wenn er seinen religiösen Anschauungen nicht entsprechen sollte; andernfalls würde der Zeugniszwang eintreten (Löwe § 62 Note 1, Stenglein §§ 61, 62 Note 1).

Die Berufung eines als Zeugen zu vernehmenden Beamten auf den Diensteid anstatt der Abnahme des Zeugeneides ist unzulässig (Löwe § 63 Note 1b).

Der Eid wird mittels Nachsprechens obiger Worte geleistet, wobei der Schwörende die rechte Hand erheben soll (§ 63¹ StPO., Artikel 131² BG.). Kennt ein Zeuge die Eidesworte, so kann er sie frei hersagen, ohne daß es des Vorsprechens oder Ablesens bedürfte (RG. E. 22, 106, Löwe § 63 Note 5, Stenglein § 63 Note 3). Stumme, welche schreiben können, leisten den Eid mittels Abschreibens und Unterschreibens der Eidesworte (§ 63² StPO., Artikel 131² BG.). Stumme, die nicht schreiben können, leisten den Eid mit Hilfe eines Dolmetschers durch Zeichen (§ 63³ StPO., Artikel 131² BG.).

Die Landesherren und die oben genannten hochadeligen Personen leisten den Eid mittels Unterschreibens der Eidesworte (§ 71² StPO., Artikel 131² BG.).

Mitgliedern von Religionsgesellschaften, deren Bekenntnis die Eidesleistung untersagt, ist an Stelle des Eides die dem Bekenntnis entsprechende Beteuerung gestattet (§ 64 StPO., Artikel 71 AGzStPO., Artikel 131² BG.).

Wird ein Zeuge in derselben Voruntersuchung oder in demselben Hauptverfahren mehrmals vernommen, so kann ihn der Richter statt der nochmaligen Beeidigung die Richtigkeit seiner Aussage unter Berufung auf den früher geleisteten Eid versichern lassen (§ 66 StPO., Artikel 131² BG.). Diese Vorschrift bezieht sich nicht auf den Fall, daß ein Zeuge in der Voruntersuchung und im Hauptverfahren je einmal vernommen wird, auch nicht auf wiederholte Befragungen, die nur Teile einer Vernehmung sind. Als eine Vernehmung gelten alle Befragungen des Zeugen in demselben Termin oder derselben Hauptverhandlung, auch wenn diese mehrere Tage dauert, falls der Zeuge inzwischen nicht förmlich entlassen wurde. Auf diese ganze Vernehmung bezieht sich der Voreid, während sich der Nacheid nur auf das Vorhergehende erstreckt. Ist der Zeuge assertorisch beeidigt worden, und wird er wieder befragt, so muß er nach Schluß dieser Befragung nochmals assertorisch beeidigt werden; es wäre auch zulässig, ihm unmittelbar nach dem ersten assertorischen Eid den promissorischen abzunehmen.

Diese Vorschriften gelten auch für kommissarische Vernehmungen; es ist daher stets zu prüfen, ob die kommissarische Vernehmung zur Voruntersuchung oder zum Hauptverfahren gehört.

Es ist nicht verboten, den Zeugen im gleichen Stadium des Verfahrens zweimal zu beeidigen; es entspricht jedoch ein solches Verfahren nicht dem Willen des Gesetzes.

h) Vernehmung der Zeugen.

Hierüber bestehen keine Vorschriften. Es sind daher zweckmäßig zuerst die Personalien zu erheben; dann ist der Zeuge zu veranlassen, im Zusammenhang das wiederzugeben, was ihm von dem Gegenstand der Vernehmung bekannt ist. Nötigenfalls sind ihm noch Fragen zur Ergänzung seiner Aussage, zur weiteren Aufklärung der Sache und zur Erforschung des Grundes vorzulegen, auf dem seine Wissenschaft beruht. Der Präsident hat auch den beisitzenden Disziplinarrichtern, dem Staatsanwalt, dem Beschuldigten und dem Verteidiger zu gestatten, Fragen an die Zeugen zu stellen.

§ 27.

Die übrigen Beweismittel.

Außer dem Zeugnis kennt das Disziplinarverfahren als Beweismittel das Sachverständigengutachten, den Augenschein, die Urkunden und die Indizien. Von diesen regelt das positive Disziplinarprozeßrecht nur das Sachverständigengutachten, während die Handhabung der übrigen Beweismittel dem freien richterlichen Ermessen anheimgegeben ist. Die Darstellung des positiven Disziplinarprozeßrechtes hat sich daher auf die Lehre von dem Sachverständigengutachten zu beschränken.

Die einschlägigen Vorschriften finden sich in §§ 49, 56, 57, 62—64, 66, 73, 75—77, 79 StPO., Artikel 71 AGzStPO., Artikel 131, 134^{5} u. ^{7}, 142^{1}, ^{4}—^{6}, 144^{4}, 145—147 BG.

Auf das Sachverständigengutachten finden die Vorschriften über das Zeugnis entsprechende Anwendung, soweit sich nicht aus dem Folgenden das Gegenteil ergibt.

I. Pflicht der Erstattung eines Gutachtens. Eine allgemeine Pflicht zur Erstattung eines Sachverständigengutachtens besteht nicht; eine Pflicht ist nur für folgende Fälle ausdrücklich statuiert (§ 75 StPO., Artikel 131^{2} BG.):

1. wenn der Sachverständige zur Erstattung von Gutachten der erforderten Art öffentlich bestellt ist,
2. wenn er die Wissenschaft, die Kunst oder das Gewerbe, deren Kenntnis Voraussetzung der Begutachtung ist, öffentlich zum Erwerbe ausübt,
3. wenn er zur Ausübung derselben öffentlich bestellt oder ermächtigt ist,
4. wenn er sich zur Erstattung des Gutachtens vor Gericht bereit erklärt hat.

Ist der Sachverständige hienach zur Erstattung des Gutachtens verpflichtet, so berechtigen ihn dieselben Gründe, die dem Zeugen die Befugnis zur Zeugnisverweigerung verleihen, zur Verweigerung des Gutachtens. In diesen Fällen besteht dann überhaupt keine Verpflichtung. Aber auch aus anderen Gründen kann er von der Verpflichtung zur Erstattung des Gutachtens entbunden werden (§ 76^{1} StPO., Artikel 131^{2} BG.).

Ein öffentlicher Beamter darf als Sachverständiger nicht vernommen werden, wenn seine vorgesetzte Behörde erklärt, daß die Vernehmung den dienstlichen Interessen Nachteil bereiten würde (§ 76^{2} StPO., Artikel 131^{2} BG.).

II. Zwang. Erscheint der Sachverständige nicht, oder weigert er sich das Gutachten zu erstatten, oder zu beeidigen, so tritt der Zwang ein. Zwangsweise Vorführung und Zwangshaft sind bei Sachverständigen ausgeschlossen. Im übrigen ist der Sachverständige zum Kostenersatz und zu einer Geldstrafe bis zu 300 Mark zu verurteilen. Im Falle wiederholten Ungehorsams kann noch einmal eine Geldstrafe bis zu 600 Mark erkannt werden (§ 77 StPO., Artikel 131^{2} BG.).

III. Gebühren der Sachverständigen. Die Gebühren der Sachverständigen regeln sich nach der Reichsgebührenordnung für Zeugen und Sachverständige in der Fassung von 1898 (Artikel 5 Geb.-G., § 1^{1} Verordnung vom 22. September 1879).

IV. Verfahren.

a) Bestimmung der Zahl der Sachverständigen und Auswahl der Personen. Beides kommt dem Untersuchungsbeamten bis zum Schluß der Voruntersuchung, sodann dem Präsidenten, während der Hauptverhandlung dem Disziplinargericht zu. Die Parteien haben ein Antragsrecht, der Beschuldigte auch im Falle der Ablehnung eines Antrags das Recht der unmittelbaren Ladung (Artikel 134³, ⁵, 142⁴, 145, 142⁶ BG.).

Die Ablehnung eines Sachverständigen ist im Disziplinarverfahren — entgegen dem Kriminalprozeß (§ 74 StPO.) — mangels einer besonderen Vorschrift nicht zulässig.

Die Einschaffung des Beschuldigten wider seinen Willen in eine Irrenanstalt zur Vorbereitung eines Gutachtens über seinen Geisteszustand ist im Disziplinarverfahren nicht zulässig. Eine so weit gehende Beeinträchtigung der persönlichen Freiheit hätte im Gesetz ausdrücklich vorgesehen werden müssen und darf nicht auf die analoge Anwendung des § 81 StPO. gestützt werden (A. A. Perels und Spilling Seite 194).

b) Sachverständigeneid. Der Sachverständige hat vor Erstattung des Gutachtens folgenden Eid zu leisten: „Ich schwöre bei Gott dem Allmächtigen und Allwissenden, daß ich das von mir erforderte Gutachten unparteiisch und nach bestem Wissen und Gewissen erstatten werde, so wahr mir Gott helfe." (StPO. § 79¹, Art. 131² BG.)

Ist der Sachverständige für die Erstattung von Gutachten der betreffenden Art im allgemeinen beeidigt, so genügt die Berufung auf den geleisteten Eid (§ 79² StPO., Artikel 131² BG.).

§ 28.

Die Entscheidungen.

Die Entscheidungen zerfallen in Urteile, Beschlüsse und Verfügungen.

a) Urteile sind die Entscheidungen, welche nach Durchführung der Hauptverhandlung über die materielle Frage der Schuld oder Unschuld und der etwaigen Disziplinarstrafe bestimmen. Die Disziplinarurteile können demnach nur lauten:

1. in erster Instanz
   α) auf Freisprechung oder
   β) auf Verurteilung;
2. in der Berufungsinstanz auf
   α) Verwerfung der Berufung,
   β) Aufhebung oder Änderung des Urteils I. Instanz und Freisprechung,
   γ) Aufhebung oder Änderung des Urteils I. Instanz und Verurteilung,
3. im Wiederaufnahmeverfahren auf
   α) Aufrechterhaltung des früheren Urteils,
   β) Aufhebung des früheren Urteils und Freisprechung,
   γ) Aufhebung des früheren Urteils und Verurteilung.

b) Beschlüsse sind

1. sämtliche Entscheidungen des kollegial besetzten Disziplinargerichtes, soweit sie nicht in der Urteilsform ergehen, z. B. Verweisungsbeschluß, Beschluß auf Außerverfolgungsetzung, Einstellung, vorläufige Einstellung, Entfernung aus dem Sitzungssaal, Verhaftung (Sitzungspolizei), zwangsweise Festhaltung, Verhängung von Ordnungsstrafen wegen Ungebühr, Unterlassung der Beweisaufnahme in der Hauptverhandlung, weitere Vernehmung von Zeugen und Sachverständigen (Artikel 145 BG.), Herbeischaffung anderer Beweismittel (Artikel 145 BG.), Verhängung von Zwangsmaßregeln gegen Zeugen und Sachverständige usw.;

2. auch die Entscheidungen des Einzelrichters oder Einzelbeamten, falls sie in Ausübung der Sitzungspolizei oder des Zwangs gegen Zeugen und Sachverständige ergehen.

c) In der Form der Verfügung ergehen alle übrigen Entscheidungen. —

Alle Entscheidungen, mögen sie Urteile, Beschlüsse oder Verfügungen sein, sind mit Gründen zu versehen (Artikel 133 BG.). Dies ist natürlich cum grano salis zu verstehen; es wäre unsinnig, zu verlangen, daß z. B. die Verfügung, durch die ein Termin anberaumt wird, zu begründen ist. Man wird daher im allgemeinen sagen können, daß Verfügungen dann nicht begründet zu werden brauchen, wenn sie die Prozeßleitung betreffen (ebenso Motive zum RDG. Seite 593).

Alle Entscheidungen müssen von den Personen, die die Entscheidung getroffen haben, unterzeichnet werden. Ist ein Disziplinarrichter verhindert, seine Unterschrift beizusetzen, so ist dies von dem Präsidenten und bei dessen Verhinderung von dem ältesten beisitzenden Disziplinarrichter an der Stelle der Unterschrift zu bemerken (Artikel 148^{6} Satz 1 BG., § 275^{3} StPO.). Die Urteile und Beschlüsse der Disziplinargerichte sind unter der Formel: „Im Namen Seiner Majestät des Königs von Bayern" zu erlassen (§ 14^{3} der Verordnung vom 10. Dezember 1908, den Vollzug des Beamtengesetzes betreffend, GVBl. Seite 1041). Außerdem haben sie die Bezeichnung des Tages der Sitzung und die Namen der mitwirkenden Disziplinarrichter, die Urteile auch die Namen des Staatsanwaltes und Gerichtsschreibers zu enthalten (Artikel 148^{6} Satz 1 BG., § 275^{3} StPO.).

Die Ausfertigungen der Urteile und Beschlüsse sind von dem Gerichtsschreiber zu unterschreiben und mit dem Siegel des Disziplinargerichts zu versehen (§ 275^{4} StPO., Artikel 148^{6} Satz 1 BG.).

§ 29.

Die Protokolle.

Bei der Lehre von den Protokollen sind die Protokolle in der Hauptverhandlung und außerhalb derselben streng auseinanderzuhalten.

I. Protokolle in der Hauptverhandlung. (Artikel 149, 158^{6}, 159 BG.). Über jede Hauptverhandlung ist durch den Gerichtsschreiber ein Protokoll aufzunehmen. Das Protokoll muß enthalten: den Ort und Tag der Verhandlung, die Namen der mitwirkenden Mitglieder des Disziplinargerichts, des Staatsanwalts und des Gerichtsschreibers, des Beschuldigten und seines Verteidigers, sowie das Wesentliche über den Gang und das Ergebnis der Verhandlung, die Bezeichnung der verlesenen Schriftstücke, die im Laufe der Verhandlung gestellten Anträge, die ergangenen Entscheidungen und die Urteilsformel (Artikel $149^{1, 2}$ BG.). Hieraus und aus dem Vergleich des Artikels 149 BG. mit § $273^{1, 2}$ StPO. ergibt sich, daß der wesentliche Inhalt der Vernehmungen der Zeugen und Sachverständigen nicht in das Protokoll aufzunehmen ist (a. A., jedoch zweifellos unrichtig, für das Reichsrecht Pieper Seite 422, Perels und Spilling Seite 216).

Kommt es auf die Feststellung eines Vorganges in der Hauptverhandlung oder des Wortlautes einer Aussage oder Äußerung an, so hat der Präsident die vollständige Niederschreibung und Verlesung anzuordnen; hiedurch wird auch für ein etwaiges Berufungsurteil eine zuverlässige Grundlage geschaffen. In dem Protokoll ist zu bemerken, daß die Verlesung geschehen und die Genehmigung erfolgt ist oder welche Einwendungen erhoben wurden (Artikel 149^{3} BG.).

Das Protokoll ist von dem Präsidenten und dem Gerichtsschreiber zu unterzeichnen. Ist der Präsident verhindert, so unterzeichnet für ihn das älteste beisitzende Mitglied (Artikel 149^{4} BG.).

II. Protokolle außerhalb der Hauptverhandlung. Außerhalb der Hauptverhandlung ist Protokoll zu führen:

a) bei den Untersuchungshandlungen zur Sicherung des Beweises, die von den dem Beschuldigten vorgesetzten Behörden und Beamten bei Gefahr im Verzug vor der Einleitung des Disziplinarverfahrens vorgenommen werden (Artikel 129² BG.). Hiezu ist ein beeidigter Protokollführer beizuziehen. In dringenden Fällen kann der Beamte auch eine andere geeignete Person als Protokollführer beiziehen und beeidigen. Zweckmäßig werden auch hier die unter b) wiederzugebenden Regeln eingehalten werden.

b) Über jede Untersuchungshandlung während der Voruntersuchung ist ein Protokoll aufzunehmen (Artikel 135 Satz 1 BG.). Es kommen hier die Vernehmungen des Beschuldigten, der Zeugen und Sachverständigen und die Augenscheinstermine in Betracht. Hiezu ist ein beeidigter Protokollführer beizuziehen; in dringenden Fällen kann der Untersuchungsbeamte eine andere geeignete Person als Protokollführer beiziehen und beeidigen (Artikel 135 Satz 2 und 3 BG.). Das Protokoll muß Ort und Tag der Verhandlung, sowie die Namen der mitwirkenden oder beteiligten Personen angeben und ersehen lassen, ob die wesentlichen Förmlichkeiten des Verfahrens beobachtet sind. Es ist von dem Untersuchungsbeamten und dem Protokollführer zu unterzeichnen. Den bei der Verhandlung beteiligten Personen muß das Protokoll, soweit es diese betrifft, behufs Genehmigung vorgelesen oder zur eigenen Durchsicht vorgelegt werden. Die erteilte Genehmigung ist zu ver merken; die Beteiligten müssen das Protokoll unterschreiben; enthält das Protokoll diese Unterschrift der Beteiligten nicht, so ist anzugeben, warum die Unterschrift unterblieben ist (Artikel 135 Satz 1 BG., § 186 StPO.).

c) Protokolle sind weiterhin zu führen bei kommissarischen Vernehmungen von Zeugen und Sachverständigen. Bilden diese einen Bestandteil des Hauptverfahrens, o sind die Bestimmungen über die Protokolle bei Hauptverhandlungen, andernfalls die Vorschriften über die Protokole in der Voruntersuchung entsprechend anzuwenden.

§ 30.

Die Zustellungen.

Es wurde nicht für zweckmäßig erachtet, die Bestimmungen der StPO. über Zustellungen auf das Verfahren in Disziplinarsachen für anwendbar zu erklären, weil einerseits für dieses Verfahren weniger beengende Formen wünschenswert erscheinen und anderseits im dienstlichen Interesse gewisse schonende Rücksichten gegen den beschuldigten Beamten beobachtet werden müssen.

Artikel 132 hat namentlich die Zustellung durch die Post im Auge; Zustellungsorgan kann jedoch außer den Beamten der Post auch eine mit öffentlicher Autorität bekleideter Bediensteter des Gerichts sein.

Als eine gültige Form der Zustellung hat es das Gesetz auch zugelassen, daß dem Beschuldigten die Entscheidung mit der Post unter der Aufforderung übersandt wird, eine schriftliche Empfangsbestätigung einzusenden.

Eine andere Form der Zustellung besteht darin, daß das Schriftstück mit der Post übersandt wird und der Postbeamte einen Zustellungsnachweis (Zustellungsurkunde) ausstellt.

Endlich genügt auch die unmittelbare Aushändigung des Schriftstückes durch das Disziplinargericht und ein Bestätigungsvermerk des Beschuldigten zu den Akten.

Beginnt jedoch mit der Zustellung eine Frist, so hat die förmliche Zustellung stattzufinden.

Die Zustellung ist als gültig erfolgt anzusehen, wenn sie an die Person, an welche die Mitteilung gerichtet ist, nachweislich bewirkt wurde (Artikel 132^{2} BG.) Dies gilt nicht nur für Zustellungen an den Beschuldigten, sondern auch an den Verteidiger, Vertreter, an Zeugen und Sachverständige usw. Soweit Zustellungen an den Beschuldigten erfolgen, ist vorgeschrieben, daß die schriftlichen Mitteilungen unter Umschlag, der mit dem Dienstsiegel zu versehen ist, zugestellt werden sollen (Artikel 132^{1} BG.); die Außerachtlassung dieser Vorschrift ist jedoch auf die Gültigkeit der Zustellung ohne Einfluß.

Wird der Beschuldigte in seiner Wohnung nicht angetroffen, so findet Ersatzzustellung statt. Die Zustellung erfolgt in diesem Falle in der Wohnung des Beschuldigten an einen zur Familie gehörigen erwachsenen Hausgenossen oder an eine in der Familie dienende erwachsene Person oder, wenn solche Personen nicht angetroffen werden, an den in demselben Hause wohnenden Hauswirt oder Vermieter, an alle diese Personen jedoch nur unter der Voraussetzung, daß sie zur Annahme des Schriftstücks bereit sind (Artikel 132^{3} BG.). In diesen Fällen erfolgt die Zustellung durch den Postboten gegen einen von diesem auszustellenden Zustellungsnachweis.

Ist die Zustellung auch so nicht ausführbar, so kann sie an den Bürgermeister oder seinen Stellvertreter geschehen (Artikel 132^{4} BG.).

Die Ersatzzustellung für den als Verteidiger oder Vertreter fungierenden Rechtsanwalt kann auch an einen im Geschäftslokal anwesenden Gehilfen oder Schreiber des Rechtsanwalts erfolgen (analog nach § 37 StPO., § 183^{2} ZPO.).

Ist der Aufenthalt des Beschuldigten unbekannt oder hält er sich außerhalb seines Amtssitzes im Ausland (das heißt außerhalb des Deutschen Reiches) auf, so kann die Zustellung an seinem letzten Amtssitz bewirkt werden. Eine öffentliche Ladung ist unzulässig.

Soll eine Mitteilung dem Staatsanwalt zugestellt werden, so ist die Urschrift des zuzustellenden Schriftstückes dem Staatsanwalt vorzulegen. Wenn mit der Zustellung der Lauf einer Frist beginnt, ist der Tag der Vorlegung von der Staatsanwaltschaft auf der Urschrift zu vermerken (Artikel 132^{6} BG., § 41 StPO.).

Die Staatsregierung ist ermächtigt, im übrigen die Formen der Zustellung durch Vollzugsvorschriften zu regeln (Artikel 132^{7} BG.).*)

§ 31.

Fristen und Wiedereinsetzung in den vorigen Stand.

Artikel 130 BG. bestimmt, daß die Vorschriften der Strafprozeßordnung über den Fristenlauf und die Wiedereinsetzung in den vorigen Stand gegen den Abl aufvon Fristen (§§ 42—47) im Disziplinarverfahren entsprechende Anwendung finden; hieraus ergibt sich zugleich, daß die in anderen Bestimmungen der Strafprozeßordnung enthaltenen Vorschriften über Fristen im Disziplinarverfahren keine Geltung haben.

I. Die Fristen zerfallen in gesetzliche, das heißt solche Fristen, deren Beginn und Dauer im Gesetz selbst bestimmt ist, und in richterliche, das heißt solche Fristen, deren Beginn und Dauer für den einzelnen Fall vom Richter festgesetzt wird. Beispiele für gesetzliche Fristen: Artikel 113^{1}, 142^{3}, 148^{5}, 150, 153^{2} ,155^{1}, 156^{2} BG., § 353^{2} StPO. mit Artikel 161 BG.; Beispiel einer richterlichen Frist: Artikel 137^{4} BG. Die Unterscheidung hat die Bedeutung, daß die richterlichen Fristen innerhalb der ursprünglich gesetzten Frist verlängert werden können, während dies bei gesetzlichen Fristen ausgeschlossen ist, falls nicht im Gesetz ausdrücklich etwas anderes bestimmt ist (z. B. Artikel 157 BG.).

Die Gerichtsferien haben auf die Fristen im Disziplinarverfahren keinen Einfluß.

Ist innerhalb einer Frist eine Erklärung abzugeben, so ist die Frist nur dann gewahrt, wenn innerhalb der Frist die Erklärung bei dem zuständigen Disziplinargericht

*) § 15 der Bekanntmachung vom 22. Oktober 1909 (GVBl. Seite 737).

zu Protokoll gegeben oder daselbst ein die Erklärung enthaltendes Schriftstück eingelaufen, das heißt in die Hände eines in Vertretung des Gerichts zur Empfangnahme eingehender Schriftstücke berufenen Beamten gelangt ist, wobei es auch auf die festgesetzten Dienststunden und darauf, ob die Empfangnahme im Gerichtsgebäude geschieht, nicht ankommt, soferne nicht durch besondere Dienstesvorschriften eine andere Empfangnahme untersagt ist (RG. E. 31, 4; Löwe, Vorbemerkungen zum 5. Abschnitt). Das Einlegen in den Briefkasten des Gerichts, die Ankunft in dem Postfach des Gerichts, die Abgabe des Schriftstückes an einen zur Empfangnahme nicht berufenen Beamten, die Einreichung bei einer unrichtigen Behörde, so daß das Schreiben innerhalb der Frist nicht mehr an die zuständige Behörde gelangt, vermögen die Frist nicht zu wahren (RG. E. 10, 74, R. 6, 85; Löwe a. a. O.).

Eine weit laxere Praxis hat der Reichsdisziplinarhof. Er hat unter anderem in folgenden Fällen die Frist als gewahrt angesehen: a) das Schriftstück ist am vorletzten Tag der Frist bei dem Postamt des Sitzes der Disziplinarkammer eingegangen und von diesem am Morgen des letzten Tages der Frist dem abholenden Boten ausgehändigt worden, aber erst nach Ablauf der Frist in die Hände des Präsidenten der Disziplinarkammer gelangt (Erkenntnis vom 22. Januar 1876, J. Nummer 99 bei Perels und Spilling Seite 219). b) Das Schriftstück war in der Wohnung des Präsidenten der Disziplinarkammer, der verreist war, abgegeben worden, wurde ihm an seinen Aufenthalt nachgeschickt und gelangte daselbst erst nach Ablauf der Frist in seine Hände (Erkenntnis vom 30. Juni 1877, J. Nummer 64 bei Perels und Spilling Seite 219). c) Das Schriftstück ist einen Tag nach Ablauf der Frist bei der Disziplinarkammer eingegangen, ist aber dem Postamt des Ankunftsortes bereits einen Tag vor Ablauf der Frist zugegangen; die Bestellung wurde nur durch Abwesenheit des Präsidenten der Disziplinarkammer und Erkundigung nach seinem Stellvertreter verzögert (Erkenntnis vom 30. Juni 1882, J. Nummer 10 a. a. O.).

II. Bei der Berechnung einer Frist, die nach Tagen bestimmt ist, wird der Tag nicht mitgerechnet, auf den der Zeitpunkt oder das Ereignis fällt, nach dem der Anfang der Frist sich richten soll (§ 42 StPO., Artikel 130 BG.). Eine Frist, die nach Wochen oder Monaten bestimmt ist, endigt mit dem Ablauf des Tages der letzten Woche oder des letzten Monats, der durch seine Benennung oder Zahl dem Tag entspricht, an dem die Frist begonnen hat; fehlt dieser Tag in dem letzten Monat, so endigt die Frist mit Ablauf des letzten Tages dieses Monats. Fällt das Ende einer Frist auf einen Sonntag oder allgemeinen Feiertag, so endigt die Frist mit dem Ablauf des nächstfolgenden Werktages (§ 43 StPO., Artikel 130 BG.). Unter allgemeinen Feiertagen sind nur solche Feiertage zu verstehen, die durch staatliche Anordnung für jedermann ohne Unterschied der Konfession ein allgemeines Ruhen der bürgerlichen Geschäfte bewirken (RG. E. 31, 221).

III. Gegen die Versäumung einer Frist kann die Wiedereinsetzung in den vorigen Stand beansprucht werden, wenn der Antragsteller von einer Zustellung ohne sein Verschulden keine Kenntnis erlangt hat (§ 44 StPO., Artikel 130 BG.).

Das Gesuch um Wiedereinsetzung muß binnen einer Woche nach Beseitigung des Hindernisses, das heißt also spätestens an dem Tag der nächsten Woche, der durch seine Benennung dem Tag entspricht, an dem das Hindernis beseitigt worden ist, bei dem Disziplinargericht, bei dem die Frist wahrzunehmen gewesen wäre, unter Angabe und Glaubhaftmachung der Versäumungsgründe angebracht werden (§ 45^1 StPO., Artikel 130 BG.); die Glaubhaftmachung kann durch alle Beweismittel, auch Eid, erfolgen. Zugleich mit dem Gesuch ist die versäumte Handlung selbst nachzuholen (§ 45^2 StPO., Artikel 130 BG.). Über das Gesuch entscheidet durch Beschluß das Disziplinargericht, das bei rechtzeitig erfolgter Handlung zur Entscheidung in der Sache selbst berufen gewesen wäre. Die so ergehenden Beschlüsse des Disziplinarhofs unterliegen keiner Anfechtung; hat über das Gesuch eine Disziplinarkammer entschieden, so kann die dem Gesuch stattgebende Entscheidung ebenfalls nicht angefochten werden, dagegen findet gegen die das Gesuch verwerfende Entscheidung Beschwerde zum Disziplinarhof statt (analog nach § 46 StPO.). Durch das Gesuch um Wiedereinsetzung in den vorigen Stand wird die Vollstreckung einer disziplinargerichtlichen Entscheidung nicht gehemmt; das Disziplinargericht kann jedoch einen Aufschub der Vollstreckung anordnen (§ 47 StPO., Artikel 130 BG.).

IV. Es gibt auch einen Fall einer Wiedereinsetzung gegen die Versäumung eines Termins. Ist weder der Beschuldigte, noch ein Vertreter bei der Hauptverhandlung erschienen und sind beide oder einer von ihnen durch Naturereignisse oder andere unabwendbare Zufälle an der Wahrnehmung des Termins verhindert worden, so kann der Beschuldigte gegen das Urteil binnen einer Woche nach der Zustellung desselben die Wiedereinsetzung in den vorigen Stand nachsuchen, auf die die Vorschriften unter III Anwendung finden (Artikel 150, 130 BG.; §§ 44—47 StPO.).

§ 32.

Die Kosten.

An Kosten*) kommen im Disziplinarverfahren nur die baren Auslagen des Disziplinargerichts in Ansatz; Gebühren werden nicht erhoben (Artikel 162¹ BG., Artikel 3 Ziffer 4 GebG. in der Fassung vom 28. April 1907). Diese Art der Regelung entspricht dem Rechtszustand im Reich, in Sachsen und Baden (§ 124 RBG., § 30 sächsisches Gesetz vom 3. Juni 1876, § 127 badisches BG.); sie bestand auch schon bisher in Bayern (Erlaß vom 10. April 1826, Döllinger 19, 368, Weber 6, 234 Note *).

Zu den baren Auslagen gehören insbesondere die auf Zustellungen, Zeugen- und Sachverständigengebühren, Reisen des Untersuchungsbeamten und seines Protokollführers, Beschaffung von Beweismitteln erwachsenen Kosten, sodann Schreibgebühren für solche Schriftstücke, die dem Beschuldigten lediglich auf sein besonderes Verlangen erteilt werden (Brand Seite 192, Pieper Seite 445, Perels und Spilling Seite 231); dagegen werden die Tagegelder und Reisekosten der nicht am Sitz des Disziplinargerichtes wohnenden Disziplinarrichter zur Teilnahme an den Sitzungen zu den allgemeinen, durch die Bildung der Disziplinargerichte veranlaßten Verwaltungskosten gerechnet und daher als bare Auslagen für einen bestimmten Fall nicht in Ansatz gebracht, auch wenn die Reisen lediglich wegen der Beschlußfassung oder Verhandlung in einer Sache notwendig wurden (vgl. Begründung zu Artikel 162); des weiteren werden nicht zu den baren Auslagen gerechnet Ausgaben für den Unterhalt der Räumlichkeiten, für Schreibmaterialien, Schreibgebühren für Abschriften oder Ausfertigungen, deren Mitteilung durch den gewöhnlichen Geschäftsgang bedingt ist (Brand Seite 191, Pieper Seite 444, Perels und Spilling Seite 231).

Jede das Verfahren abschließende Entscheidung muß über die Kostentragung eine Entscheidung treffen (Artikel 162⁶ BG.). Hiezu gehören insbesondere die Urteile, die Beschlüsse auf Außerverfolgungsetzung (Artikel 138¹ BG.) und auf Einstellung des Verfahrens (Artikel 114, 138², 151 BG.). Im einzelnen ist wegen der Kostentragung folgendes bestimmt:

a) Wird der Beschuldigte verurteilt, so treffen ihn ganz oder teilweise (je nach dem Ermessen des Disziplinargerichts) die Kosten des Verfahrens (Artikel 162² BG.). Bei der Prüfung der Frage, ob dem Beschuldigten die Kosten ganz oder teilweise auferlegt werden sollen, wird das Disziplinargericht das Maß des Verschuldens, die Höhe der Strafe, die begleitenden Umstände, die Veranlassung und Höhe der

*) Siehe auch § 22 der Bekanntmachung vom 22. Oktober 1909 (GVBl. Seite 737).

Kosten, die Gehalts- und Vermögensverhältnisse des Beamten vorzugsweise berücksichtigen (vgl. Brand Seite 192, Perels und Spilling Seite 232, Thudichum Seite 329, Kanngießer Seite 219). Ist der Beschuldigte wegen mehrerer Disziplinarvergehen abzuurteilen und wird er teils verurteilt, teils freigesprochen, so müssen die auf die Freisprechungen treffenden ausscheidbaren Kosten der Staatskasse überbürdet werden.

b) Dasselbe gilt, wenn ein von dem Beschuldigten eingelegtes Rechtsmittel erfolglos bleibt (Artikel 162² BG.).

c) Ist dagegen von dem Beschuldigten ein Rechtsmittel eingelegt und zurückgenommen worden, so treffen ihn die vollen Kosten des Verfahrens (Artikel 162³ BG.).

d) Wird das Verfahren eingestellt, weil der Beschuldigte um seine Entlassung nachgesucht hat (Artikel 114 BG.), so treffen ihn die vollen Kosten (Artikel 162³ BG.).

e) In allen anderen Fällen, also insbesondere bei der Freisprechung des Beschuldigten, ferner wenn ein von ihm eingelegtes Rechtsmittel Erfolg hat, wenn das Verfahren nach Artikel 138² oder 151 eingestellt wird, wenn der Beschuldigte nach Artikel 138¹ BG. außer Verfolgung gesetzt wird, wenn ein infolge Durchführung des Kriminalverfahrens ausgesetztes Disziplinarverfahren nicht mehr fortgesetzt wird (auch deswegen, weil das Kriminalverfahren den Amtsverlust herbeigeführt hat), wenn der Beschuldigte stirbt, bevor eine das Disziplinarverfahren abschließende Entscheidung rechtskräftig wird, sind die Kosten der Staatskasse zu überbürden (Artikel 162⁴ BG.).

Die Kosten sind, wenn nötig, im Verwaltungszwangsverfahren beizutreiben: durch Gehaltsabzüge können sie nur, wenn die vorläufige Dienstenthebung verfügt ist, und auch dann nur beschränkt gedeckt werden (vgl. Artikel 175 BG.).

Ein Kostenersatz findet insoweit statt, als die dem Beschuldigten erwachsenen notwendigen Auslagen einschließlich der Kosten der Verteidigung der Staatskasse auferlegt werden können, wenn der Beschuldigte freigesprochen oder außer Verfolgung gesetzt oder wenn das Verfahren wegen Zurücknahme des Antrags eingestellt wird (Artikel 162⁵ BG.).

II. Der Gang des Verfahrens.

§ 33.

Einleitung des Disziplinarverfahrens.

Begeht ein Beamter eine disziplinär zu bestrafende Handlung, so haben sich zunächst die vorgesetzten Behörden oder der vorgesetzte Beamte zu entscheiden, ob eine Ordnungsstrafe verhängt oder die Sache im Disziplinarweg verfolgt werden soll. Wird der letztere Weg gewählt, und sind die erwähnte Behörde beziehungsweise der erwähnte Beamte nicht zur Stellung eines Strafantrags berechtigt (hiezu sind nur die Ministerien und die von diesen ermächtigten Stellen*) berechtigt), so ist dem Ministerium beziehungsweise der antragsberechtigten Behörde Meldung von dem Vorfall auf dem Dienstweg zu erstatten. Bekommt so die antragsberechtigte Behörde Kenntnis von der disziplinär strafbaren Handlung, so kann sie noch weitere Erhebungen pflegen. Sodann muß sie sich schlüssig machen, ob sie Strafantrag stellen will oder nicht.

Bejahenden Falls reicht sie bei dem Präsidenten der zuständigen Disziplinarkammer einen schriftlichen Antrag auf disziplinäre Bestrafung ein.**) Daraufhin muß der Präsident der Disziplinarkammer durch Verfügung das Disziplinarverfahren einleiten (Artikel 129¹ BG.).***) Mit dieser Verfügung ist die Disziplinarsache rechtshängig geworden (vgl. Brand Seite 168; anderer Auffassung Pieper Seite 276, welcher glaubt, daß

*) Siehe Bekanntmachung vom 22. Oktober 1909 (GVBl. Seite 737), § 5 und Anlage II. — **) Daselbst, § 7. — ***) Daselbst, § 8.

das Disziplinarverfahren erst mit Eingang der Anschuldigungsschrift bei der Disziplinarkammer rechtshängig wird). Was vorausgeht, sind bloß Ermittelungen, die nicht zum Disziplinarverfahren gehören und daher auch den für dieses geltenden Vorschriften nicht unterliegen. Ausnahmsweise, nämlich wenn Gefahr im Verzug ist, können auch schon vor Einleitung des Disziplinarverfahrens von den dem Beschuldigten vorgesetzten Behörden und Beamten Untersuchungshandlungen zur Sicherung des Beweises vorgenommen werden (Artikel 129² Satz 1 BG.). Hiezu ist ein beeidigter Protokollführer beizuziehen; in dringenden Fällen kann der Beamte eine andere Persönlichkeit als Protokollführer beiziehen und beeidigen (Artikel 129² Satz 2 und 3 BG.). Diese Untersuchungshandlungen sind, weil zur Sicherung des Beweises dienend, nur als vorläufige anzusehen; es ist daher eine Beeidigung der Zeugen nicht gestattet.

Das durch die Verfügung eingeleitete Disziplinarverfahren wird vorläufig beendigt nach Artikel 115¹ und 138³ BG., beendigt durch Urteil, durch Einstellungsbeschluß nach Artikel 114, 138², 151 BG. oder infolge krimineller Verurteilung, die den Amtsverlust bewirkt (vgl. Artikel 116³), durch Außerverfolgungsetzung nach Artikel 138¹ BG.)

§ 34.

Die Voruntersuchung.

Nach Artikel 134¹ BG. muß nach Einleitung des Dislipinarverfahrens eine Voruntersuchung stattfinden. Mit der Einführung der obligatorischen Voruntersuchung hat sich das bayerische BG. den Vorschriften des RDG. und der Disziplinargesetze des Reiches und der übrigen größeren Bundesstaaten angeschlossen.

Die Voruntersuchung hat für das Disziplinarverfahren eine ganz andere Bedeutung wie für den Kriminalprozeß. Das unterscheidende Moment liegt darin, daß der Schwerpunkt der Beweisaufnahme im Disziplinarverfahren in der Voruntersuchung, im Kriminalprozeß in der Hauptverhandlung liegt; denn die Erhebung der erforderlichen Beweise, insbesondere die eidliche Vernehmung der Zeugen und Sachverständigen findet im Disziplinarverfahren regelmäßig in der Voruntersuchung statt, während in der Hauptverhandlung in der Regel eine unmittelbare Beweisaufnahme nicht eintritt, sondern lediglich auf Grund der Protokolle über die in der Voruntersuchung gepflogenen Beweiserhebungen verhandelt zu werden pflegt (vgl. Begründung Seite 207).

Durch die Erhöhung der Bedeutung der Voruntersuchung war eine weitere Maßnahme bedingt. Es zeigte sich nämlich das Bedürfnis, daß derjenige, der die Voruntersuchung zu führen hat, über eine eingehende Kenntnis der in Betracht kommenden dienstlichen Verhältnisse verfügen muß, um den Sachverhalt durchaus klar, rasch und leicht erforschen zu können, was ebenso sehr im Interesse des Staates als des Beschuldigten liegt. Es erschien daher angezeigt, die Voruntersuchung durch einen mit den einschlägigen dienstlichen und persönlichen Verhältnissen völlig vertrauten Beamten des betreffenden Ressorts, nicht durch einen Richter, führen zu lassen.

Bei Beratung dieser Bestimmung im Ausschuß der Abgeordnetenkammer waren die Meinungen geteilt. Während die Regierung in Artikel 134² des Entwurfs vorgeschlagen hatte, zu bestimmen, daß mit der Führung der Voruntersuchung in der Regel ein Beamter aus dem Geschäftskreis des Ministeriums zu betrauen ist, dem der Beschuldigte angehört, wurde vom Referenten beantragt, die Worte „in der Regel" zu streichen und damit die Vorschrift obligatorisch zu machen, während der Korreferent den ganzen Gedanken verwarf und die Voruntersuchung einem Richter übertragen wissen wollte. Der Korreferent hob hervor, daß da, wo besondere dienstliche Verhältnisse vorliegen, deren genaue Kenntnis dem Nichtfachmann in der Regel fehlen werde, durch Zuziehung von Sachverständigen abgeholfen werden könne; die aus dem betreffenden Ressort genommenen Untersuchungsbeamten würden zudem die Wahrheit weniger leicht ermitteln können als der an der Sache völlig uninteressierte, den Zeugen nicht als Vorgesetzter gegenüberstehende Richter (vgl. Korreferat Seite 21 f.). Diese Gründe des Korreferenten sind nicht durchschlagend. Es ist auf sie zu erwidern, was der Justizminister im Ausschuß (Ausschußbericht Seite 55) betonte, daß nämlich die Bestimmungen des Gesetzentwurfs eine Vereinfachung und Abkürzung des Verfahrens brächten, weil der mit der Voruntersuchung betraute Beamte in alle in Frage kommenden Verhältnisse eingeweiht sei, ein Richter dagegen sich erst über alles informieren oder einen Sachverständigen beiziehen müsse; auch gebe ein Richter keine höheren Garantien, daß der Beschuldigte nicht zu kurz komme. Dieser Ansicht des Ministers schloß sich die Mehrheit des Ausschusses an, so daß das Gesetz eine obligatorische Voruntersuchung unter Leitung des Untersuchungs**beamten** eingeführt hat.

Wie sich schon aus vorstehenden Ausführungen ergibt, ist der Zweck der Voruntersuchung ein doppelter (Artikel 134^3 BG):

a) sie soll den Sachverhalt ermitteln und Anhaltspunkte für die Entscheidung erbringen, ob die Sache zur Hauptverhandlung verwiesen werden soll;
b) sie soll aber zugleich auch die erforderlichen Beweise erheben und so die Hauptverhandlung vorbereiten.

Die Voruntersuchung muß in allen Fällen durchgeführt werden, auch wenn der Beschuldigte geständig ist oder ein gerichtliches Strafverfahren mit umfangreicher Beweisaufnahme vorausgegangen ist (ebenso **Brand** Seite 161).

Die Eröffnung der Voruntersuchung erfolgt durch Verfügung des Präsidenten der Disziplinarkammer, der auch den Beamten zu bestimmen hat, der die Voruntersuchung führen soll. Hiemit ist ein Beamter aus dem Geschäftskreis des Ministeriums zu beauftragen, dem der Beschuldigte untersteht; über die Wahl des Beamten hat sich der Präsident mit der Behörde, die den Antrag auf Einleitung des Verfahrens gestellt hat, zu benehmen (Artikel 134^2 BG.). Falls nicht schon bei der Antragstellung ein Beamter als Untersuchungsbeamter vorgeschlagen wurde — vgl. § 7^2 der Bekanntmachung vom 22. Oktober 1909 (GVBl. Seite 737) — frägt der Präsident bei der antragstellenden Behörde an, welcher Beamte für die Führung der Voruntersuchung vorgeschlagen wird. Wird von der Behörde innerhalb angemessener Frist kein Beamter bezeichnet, so steht dem Präsidenten, falls nicht das Ministerium säumig ist, Beschwerde im Dienstaufsichtsweg offen, andernfalls bleibt dem Präsidenten nichts übrig, als nach seiner Wahl einen Beamten aus dem Geschäftskreis des Ministeriums, dem der Beschuldigte angehört, mit der Führung der Voruntersuchung zu betrauen.

Soferne es sich um einen Beschuldigten aus dem Geschäftskreis der Ministerien der Justiz, des Innern und der Finanzen handelt, können auch richterliche Beamte aus dem betreffenden Ressort als Untersuchungsbeamte aufgestellt werden. Der Untersuchungsbeamte muß der Disziplinarkammer angehören; dies ergibt sich daraus, daß der Präsident der Disziplinarkammer einem anderen Beamten nicht dienstliche Aufträge erteilen kann.

Die Ernennung des Untersuchungsbeamten kann von dem Beschuldigten prozessual nicht angefochten werden (**Brand** Seite 154).

Wann ist die Untersuchung zu eröffnen? Da sie einen Bestandteil des Disziplinarverfahrens bildet, kann sie jedenfalls nicht vor der Einleitung des Disziplinarverfahrens (Artikel 129^1 BG.) eröffnet werden. Anderseits ist nicht vorgeschrieben, daß irgendwelche Handlungen zwischen der Einleitung des Disziplinarverfahrens und der Eröffnung der Voruntersuchung stattfinden sollen. Hat daher die antragstellende Behörde bei Stellung des Antrags einen Beamten als Untersuchungsbeamten vorgeschlagen, so kann der Präsident in derselben Verfügung das Disziplinarverfahren einleiten, die Voruntersuchung eröffnen und den Untersuchungsbeamten ernennen. Theoretisch steht nichts im

Wege, die Voruntersuchung zugleich mit der Einleitung des Verfahrens zu eröffnen, auch wenn die Person des Untersuchungsbeamten noch nicht feststeht. Praktisch ist dies jedoch zwecklos, da naturgemäß in der Voruntersuchung nichts geschehen kann, solange nicht der Untersuchungsbeamte aufgestellt ist.

Den Untersuchungsbeamten muß bei seiner ganzen Tätigkeit der Gedanke leiten, daß es seine Aufgabe ist, die objektive Wahrheit zu ermitteln und für die Erhebung der Belastungs- und Entlastungsbeweise Sorge zu tragen.

In der Regel wird die Voruntersuchung damit beginnen, daß der Beschuldigte unter Mitteilung der Anschuldigungspunkte vorgeladen wird; das Gesetz schreibt zwar nur vor, daß dies überhaupt geschehen muß (Artikel 134⁴ Satz 1 BG.), nicht aber, daß dies die erste Tätigkeit des Untersuchungsbeamten bilden muß. Der Untersuchungsbeamte kann die ganze Voruntersuchung nach seinem Dafürhalten einrichten; er wird jedoch zweckmäßig zunächst den Beschuldigten vernehmen, um die Grundlage für das weitere Verfahren zu gewinnen. Um dem Beschuldigten die Verteidigung zu erleichtern, wurde die Vorschrift in das Gesetz aufgenommen, daß dem Beschuldigten bei seiner Ladung die Anschuldigungspunkte mitzuteilen sind (Artikel 134⁴ Satz 1 BG.).

Erscheint der Beschuldigte auf die Vorladung hin, so wird er in Abwesenheit des Staatsanwalts mit seinen Anträgen und Erklärungen gehört. Der etwa schon gewählte Verteidiger darf diesem Termin ebenso wenig wie einen anderen Termin in der Voruntersuchung beiwohnen (siehe oben). Die Anträge des Beschuldigten sind vollständig, seine Erklärungen ihrem wesentlichen Inhalt nach zu Protokoll zu nehmen.

Erscheint der Beschuldigte auf die Vorladung nicht, so sind Zwangsmaßregeln gegen ihn, insbesondere die Verhaftung, vorläufige Festnahme oder Vorführung unzulässig (Artikel 134⁴ Satz 2 BG.; Brand Seite 162). Das Nichterscheinen auf die Ladung hin kann nicht als Ungehorsam gegenüber einem Dienstbefehl aufgefaßt und bestraft werden, weil es ein Recht des Beschuldigten ist, auf die Anschuldigung zu schweigen. Schriftliche Äußerungen des Beschuldigten zu berücksichtigen, ist der Untersuchungsbeamte nicht verpflichtet; es wird sich jedoch im Interesse der Beschleunigung des Verfahrens empfehlen, auch diese zu beachten, soweit sie neue oder wesentliche Momente enthalten (Brand Seite 162).

Der Untersuchungsbeamte hat weiterhin die nötigen Beweise zu erheben. Während jedoch im Kriminalprozeß die Voruntersuchung nicht weiter auszudehnen ist, als erforderlich ist, um eine Entscheidung darüber zu begründen, ob das Hauptverfahren zu eröffnen oder der Angeschuldigte außer Verfolgung zu setzen sei (§ 188¹ StPO.), und und hievon nur ausnahmsweise abgewichen wird (§ 188² StPO.), sind im Disziplinarprozeß alle Beweise schon in der Voruntersuchung zu erheben, die erforderlich sind, um den Beschuldigten der ihm zur Last gelegten Tat zu überführen bezw. seine Unschuld zweifelsfrei festzustellen.

Die Aufnahme der Beweise umfaßt die Vernehmung der Zeugen und Sachverständigen, die Augenscheinseinnahme, die Herbeischaffung von Akten, Untersuchungsstücken usw., die Vornahme von Beschlagnahmen und Durchsuchungen. Zu all diesem ist der Untersuchungsbeamte berechtigt. (Ebenso für das Reichsrecht Pieper Seite 395, Brand Seite 163, Perels und Spilling Seite 194, Kanngießer Seite 195, Thudichum Seite 319, RG. E. 10, 429; a. A. für das preußische Recht Seydel Seite 160, der den Untersuchungsbeamten nur für berechtigt hält, Durchsuchungen in Diensträumen vorzunehmen und die Beschlagnahme von Dienstgegenständen und amtlichen Schriftstücken anzuordnen, während er um die Beschlagnahme und Durchführung in allen anderen Fällen den ordentlichen Richter, die Staatsanwaltschaft oder Polizei zu ersuchen habe.) Für die Augenscheinseinnahme, für Beschlagnahmen und Durchsuchungen fehlen im BG. Vorschriften; zweckmäßig wird der Untersuchungsbeamte die Bestimmungen der StPO. analog anwenden.

§§ 98⁴, 105⁴ StPO. sind zum Schutz der militärischen Geheimnisse und der militärischen Disziplin getroffen und infolgedessen auch für das Disziplinarverfahren bindend. Hienach erfolgen Beschlagnahmen und Durchsuchungen in militärischen Dienstgebäuden, zu denen auch Kriegsfahrzeuge gehören, durch Ersuchen der Militärbehörde und auf Verlangen der Zivilbehörde unter deren Mitwirkung; eines Ersuchens der Militärbehörde bedarf es jedoch nicht, wenn die Beschlagnahme oder Durchsuchung in Räumen vorzunehmen ist, die in militärischen Dienstgebäuden ausschließlich von Zivilpersonen bewohnt werden.

Die amtlichen, in einer Disziplinaruntersuchung beschlagnahmten Papiere können seitens des betroffenen Beamten von der sie mit Beschlag belegenden Behörde im ordentlichen Rechtsweg nicht herausverlangt werden (Preußischer Gerichtshof zur Entscheidung der Kompetenzkonflikte, 20. April 1850, JMBl. Seite 286; Seydel Seite 161). —

Über jede Untersuchungshandlung, also auch insbesondere über die Vernehmung des Beschuldigten, der Zeugen und Sachverständigen, über Augenscheinseinnahmen, Beschlagnahmen und Durchsuchungen ist ein Protokoll nach den schon oben erörterten Vorschriften aufzunehmen (Artikel 135¹ BG.). —

Da die Parteienöffentlichkeit in der Voruntersuchung nicht durchgeführt ist, muß auf andere Weise dafür gesorgt werden, daß die Parteien über den Gang der Voruntersuchung unterrichtet werden. Was den Staatsanwalt betrifft, so ist dieser Forderung dadurch Genüge geschehen, daß der Staatsanwalt ermächtigt wurde, stets, ohne daß jedoch das Verfahren dadurch aufgehalten werden darf, von dem Stand der Voruntersuchung durch Einsicht der Akten Kenntnis zu nehmen und Anträge zu stellen.

Keine so weit gehende Rechte hat der Beschuldigte. Es ist lediglich vorgesehen, daß im Lauf der Voruntersuchung dem Beschuldigten, soweit es ohne Gefährdung des Untersuchungszweckes geschehen kann, im Interesse seiner Verteidigung von wichtigen oder neuen Beweisergebnissen Mitteilung gemacht werden soll (Artikel 136³ BG.). Dies ist nur eine Vorschrift für den Untersuchungsbeamten, welche dem Beschuldigten keinen Anspruch einräumt. Obligatorisch ist lediglich vorgeschrieben, daß vor dem Schluß der Voruntersuchung dem Beschuldigten das Ergebnis mitzuteilen und ihm nochmals Gelegenheit zu seiner Verteidigung zu geben ist (Artikel 136² BG.). Diese Mitteilung hat durch den Untersuchungsbeamten zu geschehen. Die Bestimmung wurde getroffen, um dem Beschuldigten die Vorbereitung seiner Verteidigung zu erleichtern und ihm die Möglichkeit der Entscheidung zu gewähren, ob er auf Grund des Ergebnisses der Voruntersuchung unter Verzicht auf seine Rechte um Entlassung aus dem Staatsdienst gemäß Artikel 114 BG. nachsuchen soll. Die Mitteilung des Ergebnisses der Beweisaufnahme braucht nicht etwa in der Weise zu erfolgen, daß der Untersuchungsbeamte dem Beschuldigten eine Abschrift sämtlicher Aktenstücke zustellen läßt, oder daß er dem auf Vorladung erschienenen Beschuldigten den ganzen Akteninhalt vorliest oder ihn die Akten vollständig einsehen läßt. Vielmehr wird die Mitteilung der wesentlichen Ergebnisse der Voruntersuchung so zu erfolgen haben, daß der Untersuchungsbeamte den Beschuldigten vorlädt und ihm die — nach Auffassung des Untersuchungsbeamten — wichtigen Ergebnisse des bisherigen Verfahrens bekannt gibt (ebenso Thudichum Seite 320, Kanngießer Seite 196, Pieper Seite 398; anderer Auffassung Brand Seite 165). Erscheint der Beschuldigte trotz ordnungsmäßiger Vorladung, in der darauf hingewiesen wurde, daß in diesem Termin dem Beschuldigten das Ergebnis der Voruntersuchung mitgeteilt werde, nicht, so wird fingiert, daß er auf die Mitteilung des Ergebnisses der Voruntersuchung verzichtet (ebenso Erkenntnis des Reichsdisziplinarhofs vom 30. Januar 1882 bei Perels und Spilling Seite 200); eine schriftliche Mitteilung des Ergebnisses ist in diesem Fall nicht erforderlich. Ist dagegen in der Vorladung nicht angegeben gewesen, daß die Mitteilung der Ergebnisse der Untersuchung in dem Termin erfolgen werde, so darf man meines Erachtens einen Verzicht auf die Mitteilung nicht annehmen. In diesem Falle müßte entweder eine neuerliche Ladung mit dem entsprechenden Hinweis oder eine schriftliche Mitteilung des wesentlichen Akteninhalts erfolgen.

Hat der Beschuldigte bereits in der Voruntersuchung einen Verteidiger, so hat dieser keine weitergehenden Rechte als der Beschuldigte; insbesondere ist ihm die Akteneinsicht während des Laufes der Voruntersuchung mangels einer besonderen Vorschrift nicht gestattet.

Glaubt der Untersuchungsbeamte, daß er allen Aufgaben der Voruntersuchung genügt hat, und sind keine weiteren Anträge des Beschuldigten oder Verteidigers gestellt oder sind diese erledigt, so schließt er durch Verfügung die Voruntersuchung. Dies ist im Gesetz zwar nirgends zum Ausdruck gebracht, aber im Interesse einer geordneten Aktenführung notwendig. Die geschlossenen Akten hat sodann der Untersuchungsbeamte dem Staatsanwalt zu übermitteln (Artikel 137¹ BG.).

Der Staatsanwalt kann nun eine Ergänzung der Voruntersuchung beantragen (Artikel 137² BG.). Will er dies tun, so hat er den Antrag samt Begründung und der Angabe, in welcher Richtung eine Ergänzung erfolgen soll, zugleich mit den Akten dem Untersuchungsbeamten vorzulegen. Hält dieser den Antrag für begründet, so kann er kraft eigener Entschließung die Voruntersuchung wieder eröffnen und die gewünschten Erhebungen usw. pflegen, worauf er die Voruntersuchung neuerdings schließt und die Akten wiederum dem Staatsanwalt zuleitet. Will er dagegen dem Antrag des Staatsanwalts auf Ergänzung der Voruntersuchung nicht stattgeben, so hat er die Entscheidung des Präsidenten der Disziplinarkammer einzuholen (Artikel 137² BG.) und ihm zu diesem Zweck die Akten zu übermitteln, nachdem er zu den Akten vermerkt hat, daß er dem Antrag nicht stattgeben will. Der Präsident entscheidet auf Grund der Aktenlage durch Verfügung, leitet die Akten sodann zur Kenntnisnahme dem Staatsanwalt und, falls dem Antrag entsprochen ist, dem Untersuchungsbeamten zur weiteren Behandlung zu.

Auch die Disziplinarkammer kann, solange nicht die Überweisung zur Hauptverhandlung beschlossen ist, durch Beschluß eine Ergänzung der Voruntersuchung anordnen (Artikel 137⁵ BG.). In diesem Fall gilt dasselbe wie bei der Anordnung des Präsidenten.

§ 35.

Beschlußfassung über die Überweisung zur Hauptverhandlung.

Durch Artikel 137¹ BG. ist dafür gesorgt, daß nach Schluß der Voruntersuchung die Akten dem Staatsanwalt übermittelt werden. Abgesehen von der schon erledigten Möglichkeit, eine Ergänzung der Voruntersuchung zu beantragen, hat er das Recht, je nach Lage des Falles die Verweisung der Sache zur Hauptverhandlung, die Außerverfolgungsetzung des Beschuldigten, die Einstellung oder vorläufige Einstellung des Verfahrens zu beantragen. Welcher Antrag im einzelnen Fall zu stellen ist, ergibt sich aus den folgenden Ausführungen über den Beschluß des Gerichts.

Beantragt der Staatsanwalt die Verweisung der Sache zur Hauptverhandlung, so hat er eine Anschuldigungsschrift zu fertigen, in welche die wesentlichen Ergebnisse der Ermittelungen aufzunehmen sind (Artikel 137⁴ Satz 1 BG.). Diese Anschuldigungsschrift hat jedoch nicht dieselbe Bedeutung wie im Reichsrecht; nicht sie, sondern der Verweisungsbeschluß bildet die Grundlage des weiteren Verfahrens und begrenzt den Gegenstand der Verhandlung und Entscheidung.

Über die Anträge des Staatsanwalts entscheidet die Disziplinarkammer. Beantragt der Staatsanwalt die Verweisung zur Hauptverhandlung, so muß vor der Beschlußfassung der Kammer dem Beschuldigten die Anschuldigungsschrift zur Erklärung binnen einer vom Präsidenten zu bestimmenden Frist mitgeteilt werden (Artikel 137^{4} Satz 2 BG.). Die Disziplinarkammer darf erst beschließen, wenn die Frist abgelaufen oder die Erklärung des Beschuldigten eingelangt ist.

Der Beschluß der Disziplinarkammer kann abgesehen von der Anordnung einer Ergänzung der Voruntersuchung (Artikel 137^{5} BG.) lauten:

a) Auf Außerverfolgungsetzung des Beschuldigten, nämlich dann, wenn nach dem Ergebnis der Voruntersuchung ein Dienstvergehen überhaupt nicht vorliegt (Artikel 138^{1} BG.). In diesem Fall ist auch die spätere Verhängung einer Ordnungsstrafe wegen derselben Tat ausgeschlossen (Begründung Seite 209). Gegen diesen Beschluß steht dem Staatsanwalt die Beschwerde zum Disziplinarhof zu (Artikel 140 BG.). Dem Beschuldigten ist von Amts wegen eine Ausfertigung des Beschlusses zu erteilen (Artikel 138^{4} BG.).

b) Auf Einstellung des Verfahrens. Diesen Beschluß kann die Disziplinarkammer nicht fassen, wenn es sich um eine Zuwiderhandlung gegen Artikel 16 BG. handelt. Abgesehen von diesem Fall ist auf Einstellung zu erkennen, wenn nach dem Ergebnis der Voruntersuchung zwar ein Dienstvergehen vorliegt, aber nicht die Verurteilung zur Strafversetzung oder Dienstentlassung, sondern nur zu einer Ordnungsstrafe zu erwarten ist. Die zuständige Dienstbehörde kann dann eine Ordnungsstrafe verhängen (Artikel 138^{2} BG.).

Diese Bestimmung wurde deswegen getroffen, weil, abgesehen von dem Fall des Artikel 16 BG., die Verhängung einer Ordnungsstrafe durch das Disziplinargericht zwar nicht grundsätzlich ausgeschlossen und insbesondere dann Platz greifen soll, wenn sich erst in der mündlichen Verhandlung das Dienstvergehen als ein minder schweres darstellt, es aber als zu weitgehend und wegen der Kosten auch nicht im Interesse des Beschuldigten gelegen erachtet werden müßte, wenn die Disziplinarkammer auch in Fällen, in denen sich in der Voruntersuchung die Sache erheblich zu Gunsten des Beschuldigten gestaltet hat und schon von vornherein nur eine Ordnungsstrafe zu erwarten ist, die Sache zur mündlichen Verhandlung verweisen müßte (Begründung Seite 208). Auch in diesem Fall steht dem Staatsanwalt die Beschwerde an den Disziplinarhof zu (Artikel 140 BG.); dem Beschuldigten ist eine Ausfertigung des Beschlusses von Amts wegen zu erteilen (Artikel 138^{4} BG.).

c) Der Beschluß kann auf vorläufige Einstellung des Verfahrens lauten, wenn dem weiteren Verfahren der Umstand entgegensteht, daß der Beschuldigte nach der Tat in Geisteskrankheit verfallen ist (Artikel 138^{3} BG.). Im Kriminalprozeß kann vorläufige Einstellung auch dann beschlossen werden, wenn dem weiteren Verfahren Abwesenheit des Angeschuldigten entgegensteht (§ 203 StPO.). Von der Aufnahme dieses Falles konnte im Disziplinarverfahren abgesehen werden, weil auch in Abwesenheit des Angeschuldigten gegen diesen verhandelt werden kann (Artikel 143^{1} BG.), während im Kriminalprozeß dies nur in seltenen Ausnahmefällen zulässig ist (§§ 230^{2}, 231, 232 StPO.).

d) Ist der Beschuldigte nach dem Ergebnis der Voruntersuchung eines Dienstvergehens hinreichend verdächtig, das die Strafversetzung oder Dienstentlassung begründet, so hat die Disziplinarkammer die Verweisung der Sache zur Hauptverhandlung zu beschließen (Artikel 139^{1} BG.). In diesem Beschluß, der die technische Bezeichnung „Verweisungsbeschluß" führt (Artikel 142^{2} BG.), ist die dem Beschuldigten zur Last gelegte Tat und das Disziplinargericht zu bezeichnen, vor dem die Hauptverhandlung stattfinden soll (Artikel 139^{2} BG., § 205^{1} StPO.). Dieser Verweisungsbeschluß bildet die Grundlage des weiteren Verfahrens und begrenzt den Gegenstand der Verhandlung und Entscheidung; über andere als im Verweisungsbeschluß angegebene Handlungen darf nicht verhandelt und entschieden werden; doch steht dem Disziplinargericht innerhalb dieser Grenzen freies, auf dem Ergebnis der Verhandlung und der Beweisaufnahme beruhendes Ermessen in der Feststellung der einzelnen in Betracht kommenden Tatsachen und in der Würdigung ihrer Bedeutung für die erhobenen Anschuldigungen zu (vgl. Erkenntnis des Reichsdisziplinarhofs vom 21. September 1885, J. Nummer 31 bei Perels und Spilling Seite 210).

§ 36.

Vorbereitung der Hauptverhandlung.

In diesem Stadium des Verfahrens wird teils der Präsident, teils das Disziplinargericht, teils der Staatsanwalt tätig.

a) Der Präsident hat folgende Obliegenheiten selbständig zu erfüllen:

1. Er hat den Termin zur Hauptverhandlung anzuberaumen (Artikel 142^1 BG.). Hiebei ist darauf Rücksicht zu nehmen, daß die Ladung dem Beschuldigten noch so rechtzeitig zugestellt werden kann, daß zwischen Zustellung und Termin die Frist von mindestens einer Woche liegt, da andernfalls der Beschuldigte die Aussetzung der Verhandlung verlangen kann, solange in der Sitzung nicht mit der Verlesung des Verweisungsbeschlusses begonnen ist (Artikel 142^3 BG.). Ist also ein Donnerstag als Verhandlungstermin in Aussicht genommen, so muß die Ladung spätestens am Mittwoch der vorhergehenden Woche dem Beschuldigten zugestellt werden.

2. Der Präsident hat die nötigen Ladungen zu verfügen (Artikel 142^1 BG.). Er hat insbesondere dafür zu sorgen, daß der Beschuldigte unter abschriftlicher Mitteilung des Verweisungsbeschlusses und mit der Warnung geladen wird, daß im Falle seines Ausbleibens die Verhandlung gleichwohl stattfinden werde (Artikel 142^2 BG.). Der Beschuldigte muß unter allen Umständen geladen werden, auch wenn er in der Voruntersuchung auf Ladung nicht erschienen ist (Brand Seite 168). Die Vorschrift, daß dem Beschuldigten eine Abschrift des Verweisungsbeschlusses zugleich mit der Ladung zuzustellen und in die Ladung die angegebene Warnung aufzunehmen ist, ist zwingender Natur; fehlt daher eines dieser Erfordernisse, so ist die Ladung nicht wirksam und es kann die Hauptverhandlung nicht stattfinden (vgl. Erkenntnis des Reichsdisziplinarhofs vom 23. März 1878, J. Nummer 37 bei Perels und Spilling Seite 204). Ist dem Beschuldigten aus irgend welchen Gründen schon vor seiner Ladung der Verweisungsbeschluß nachweislich zugestellt, so bedarf es natürlich einer wiederholten Zustellung desselben zugleich mit der Ladung nicht. Das Erfordernis der Einhaltung der Ladungsfrist wurde bereits sub 1. erwähnt.

Es ist nicht erforderlich, daß der Verteidiger oder Vertreter des Beschuldigten besonders geladen wird (Pieper Seite 414). Hat dieser jedoch dem Disziplinargericht angezeigt, daß ihm vom Beschuldigten die Verteidigung oder Vertretung übertragen wurde, so ist es zweckmäßig, ihm eine einfache Terminsanzeige zuzustellen (ebenso Brand Seite 168/9; Kanngießer bezeichnet dies mit Recht als nobile officium des Gerichts). Ist dies jedoch unterblieben, so liegt darin nicht eine Beschränkung der Verteidigung.

Der Präsident muß auch die Ladung der Zeugen und Sachverständigen von Amts wegen verfügen, soweit er deren Ladung nach dem Ergebnis der Voruntersuchung für notwendig erachtet (Artikel 142^4 Satz 1 BG.); eine Ladungsfrist ist hier nicht einzuhalten.

3. Der Präsident hat auch die Anträge des Staatsanwalts, des Beschuldigten und seines Verteidigers auf Vorladung von Zeugen und Sachverständigen zu verbescheiden (Artikel 142^4 Satz 2 BG.) und die hiewegen ergehenden Verfügungen den Beteiligten bekanntgeben zu lassen (Artikel 142^5 BG.).

4. Der Präsident muß aus der Zahl der in diesem Fall entscheidenden (ebenso Reichsdisziplinarhof vom 5. November 1883, J. Nummer 58 bei Perels und Spilling Seite 211) Mitglieder der Disziplinarkammer einen Berichterstatter ernennen, der eventuell in der Hauptverhandlung über die Beweisaufnahme in der Voruntersuchung zu referieren hat (Artikel 144^3 BG.).

5. Der Präsident hat die sonstigen nötigen Vorbereitungen zu treffen, also z. B. für die Beischaffung der etwaigen Überführungsgegenstände, der Personalakten usw. zu sorgen, die Disziplinarrichter, die an der Verhandlung teilnehmen sollen, einzuberufen, dem Ministerium beziehungsweise der antragstellenden Behörde den Termin bekanntzugeben.

b) Die Disziplinarkammer wird in folgenden Fällen tätig:

1. wenn das persönliche Erscheinen des Beschuldigten angeordnet werden soll; dies kann nur durch Beschluß der Disziplinarkammer erfolgen; es ist die Warnung beizufügen, daß beim Ausbleiben des Beschuldigten ein Verteidiger zu seiner Vertretung nicht zugelassen würde;

2. wenn dem Erscheinen eines Zeugen oder Sachverständigen Krankheit oder andere unabweisliche Hindernisse entgegenstehen oder sein Erscheinen wegen großer Entfernung besonders erschwert ist (Artikel 147^1 BG.); in diesem Fall muß die Disziplinarkammer die Vernehmung durch einen beauftragten oder ersuchten Beamten oder Richter anordnen;

3. ein Vertagungsgesuch des Beschuldigten unterliegt mangels besonderer gesetzlicher Vorschriften der freien Beurteilung durch die Disziplinarkammer (Reichsdisziplinarhof vom 3. März 1877, J. Nummer 26 bei Perels und Spilling Seite 204).

c) Der Staatsanwalt muß der antragstellenden Behörde den Hauptverhandlungstermin mitteilen (§ 20 der Bekanntmachung vom 22. Oktober 1909, GVBl. Seite 737).

§ 37.

Die Hauptverhandlung.

Bei der Hauptverhandlung müssen anwesend sein die fünf Disziplinarrichter, die etwaigen Ergänzungsrichter, der Staatsanwalt und ein Gerichtsschreiber*). Es können anwesend sein:

1. der Beschuldigte; die Hauptverhandlung findet auch statt, wenn er, obwohl richtig geladen, nicht erschienen ist (Artikel 143^1 BG.);

2. der Verteidiger beziehungsweise Vertreter (Artikel 142^7, 143^2 Satz 1 BG.); er braucht nicht zugelassen zu werden, wenn das persönliche Erscheinen des Beschuldigten unter der Warnung angeordnet worden ist, daß bei seinem Ausbleiben ein Verteidiger zu seiner Vertretung nicht zugelassen würde, der Beschuldigte aber trotzdem nicht erschienen ist (Artikel 143^2 Satz 2 BG.);

3. ein Beamter des dem Beschuldigten vorgesetzten Ministeriums beziehungsweise der von diesem ermächtigten antragstellenden Behörde (Artikel 143^3 Satz 2 BG.);

4. einzelne andere Personen unter der doppelten Voraussetzung,

a) daß der Beschuldigte es beantragt und

b) daß der Präsident nach freiem Ermessen zustimmt (Artikel 143^3 Satz 3 BG.).

Die Hauptverhandlung beginnt mit dem Aufruf der Sache. Hierauf wird der Beschuldigte ad personalia vernommen; es folgt dann die Verlesung des Verweisungsbeschlusses (Artikel 144^1 BG.). Alsdann wird der Beschuldigte zur Sache vernommen. Ist er nicht erschienen, hat er aber einen Vertreter gesandt, so ist dieser zu hören. Es unterliegt keinem Zweifel, daß der Vertreter für den Beschuldigten ein Geständnis ablegen kann, allein es empfiehlt sich, in jedem Fall besonders zu prüfen, ob dieses Geständnis auch in allen Punkten der Wirklichkeit entspricht. Nur wenn dies feststeht,

*) Wegen der Sitzungskleidung siehe § 16 der Bekanntmachung vom 22. Oktober 1909 (GVBl. Seite 737).

kommt dem Geständnis des Vertreters dieselbe Wirkung wie dem Geständnis des Beschuldigten zu. Eine Spezialvollmacht vorzulegen, wird sehr zweckmäßig sein; notwendig ist dies jedoch nicht (Thudichum Seite 323). Fehlt eine Spezialvollmacht und bestehen Bedenken gegen das Geständnis des Vertreters, so wird die Disziplinarkammer die Verhandlung vertagen und das persönliche Erscheinen des Beschuldigten unter dem mehrfach erwähnten Präjudiz anordnen oder die Darstellung der Beweisaufnahme durch den Berichterstatter anordnen (Motive zum RDG. Seite 594; Kanngießer Seite 204).

Das folgende Verfahren gestaltet sich nun verschieden, je nachdem ein Geständnis vorliegt oder nicht.

I. Gesteht der Beschuldigte oder für ihn der Vertreter die den Gegenstand der Anschuldigung bildenden Tatsachen ein und walten gegen die Glaubwürdigkeit dieses Geständnisses keine Bedenken ob, so beschließt die Disziplinarkammer nach geheimer Beratung, daß eine Beweiserhebung nicht stattfinde (Artikel 144^2 Satz 2 BG.).

II. Liegt dagegen kein Geständnis vor oder bestehen Zweifel an seiner Glaubwürdigkeit, so ist in die Beweisaufnahme einzutreten. Diese kann mittelbar oder unmittelbar erfolgen:

a) Prinzipiell findet eine mittelbare Beweisaufnahme statt. Der vom Präsidenten ernannte Berichterstatter gibt in der Hauptverhandlung auf Grund der bisherigen Erhebungen eine Darstellung der Beweisaufnahme, soweit sie sich auf die in dem Verweisungsbeschluß enthaltenen Anschuldigungspunkte bezieht und nicht durch unmittelbare Beweisaufnahme ersetzt wird (Artikel 144^3 BG.). Dabei sind Urkunden und andere als Beweismittel dienende Schriftstücke zu verlesen, ebenso die Protokolle über die Aussagen der vernommenen Zeugen und die Gutachten der Sachverständigen, soferne diese Personen nicht bei der Hauptverhandlung vernommen werden (Artikel 144^4 Satz 1 BG.).

b) Unmittelbare Beweisaufnahme findet in folgenden zwei Fällen statt:

1. wenn kumulativ folgende Voraussetzungen zutreffen (Artikel 146 BG.):
   α) wenn der Staatsanwalt, Beschuldigte oder Verteidiger die Vernehmung von Zeugen oder Sachverständigen in der Hauptverhandlung beantragen,
   β) wenn die Tatsachen erheblich sind, über die sie vernommen werden sollen,
   γ) wenn die Disziplinarkammer diese Vernehmung zur näheren Aufklärung der Sache für erforderlich erachtet.
2. Wenn die Disziplinarkammer im Laufe der Hauptverhandlung auf Antrag des Staatsanwalts, des Beschuldigten, des Verteidigers oder von Amts wegen die Vernehmung von Zeugen und Sachverständigen oder die Herbeischaffung anderer Beweismittel für angemessen erachtet, hat sie durch Beschluß diese anzuordnen und wenn nötig, die Fortsetzung der Verhandlung auf einen anderen sogleich bekanntzugebenden Tag zu verlegen (Artikel 145 BG.); es kann auch zugleich die kommissarische Vernehmung des Zeugen oder Sachverständigen angeordnet werden. Wie sich aus dem Wort „Fortsetzung" ergibt, brauchen in dem neuen Termin die schon erledigten Teile der Hauptverhandlung nicht wiederholt zu werden. —

Nach der Beweisaufnahme, mag diese eine mittelbare oder unmittelbare sein, werden der Staatsanwalt und der Verteidiger mit ihren Ausführungen und Anträgen und sodann der Beschuldigte mit seiner Verteidigung gehört; dem Beschuldigten gebührt das letzte Wort (Artikel 144^5 BG.).

Eine Wiederaufnahme des Beweisverfahrens ist auch nach den Plaidoyers noch zulässig bis zur Verkündung des Urteils; nach Schluß derselben muß jedoch neuerdings dem Staatsanwalt, Verteidiger und Beschuldigten das Wort erteilt werden.

Es folgt sodann die Beratung des Urteils. Hiebei entscheidet die Disziplinarkammer auf Grund des Ergebnisses der Beweisaufnahme nach ihrer freien, aus dem Inbegriff der Verhandlung geschöpften Überzeugung (Artikel 148[1] BG.). Es dürfen nur die in der Hauptverhandlung erörterten Verhandlungen und Beweise berücksichtigt werden. Die Privatwissenschaft oder Privatsachkunde eines Disziplinarrichters darf niemals, die Gerichtsnotorietät nur dann verwertet werden, wenn die für gerichtskundig zu erklärende Tatsache zum Gegenstand der Verhandlung gemacht worden ist; dagegen braucht über die Gerichtsnotorietät selbst nicht verhandelt zu werden, weil diese kein Beweismittel ist und daher auch nicht aus dem Ergebnis der Verhandlung geschöpft zu werden braucht (vgl. RG. E. 16, 327; 28, 171; Brand Seite 175, Pieper Seite 419).

Das Urteil muß verkündet werden; die Verkündung kann am Schluß der Verhandlung oder innerhalb der darauffolgenden 14 Tage erfolgen. Wird die Verkündung der Entscheidung vertagt, so müssen bei dem Verkündungstermin dieselben Disziplinarrichter zugegen sein wie bei der Verhandlung selbst. Ist ein Disziplinarrichter, der bei der Verhandlung mitgewirkt hat, gestorben oder so schwer erkrankt, daß er innerhalb der 14 Tage zum Verkündungstermin nicht erscheinen kann, oder hat er inzwischen das Disziplinarrichteramt durch Beförderung usw. verloren, so muß nach den geltenden Bestimmungen die ganze Verhandlung von neuem begonnen werden, und zwar auch dann, wenn das Urteil unter Mitwirkung des betreffenden Disziplinarrichters vollständig durchberaten, schriftlich festgelegt und unterzeichnet worden ist und nur noch die Verkündung aussteht (vgl. Protokoll des Reichsratsausschusses zu Artikel 148). Auch ein etwa zugezogener Ergänzungsrichter darf nicht eintreten, da ja dieser an der Beratung des Urteils nicht teilgenommen hat. Dagegen könnte im Falle der Beiziehung eines Ergänzungsrichters dadurch abgeholfen werden, daß unter Zuziehung des Ergänzungsrichters eine neuerliche Urteilsberatung stattfindet; dann hätte dieser Ergänzungsrichter auch an der Verkündung teilzunehmen.

Der Urteilstenor muß stets vor der Verkündung schriftlich gefaßt sein. War die Urteilsverkündung ausgesetzt, so gilt dasselbe von den Urteilsgründen. In diesem Falle erfolgt die Verkündung des Urteils durch Verlesen des vollständigen Urteils, andernfalls durch Verlesen der Eingangsworte und des Tenors des Urteils unter mündlicher Bekanntgabe des wesentlichen Inhalts der Gründe.

Mit der Verkündung des Urteils schließt die Hauptverhandlung.

Wird die Hauptverhandlung unterbrochen oder vertagt, so ist die Ladung der Beteiligten zu dem Fortsetzungs- oder neuen Termin nicht erforderlich, wenn dieser sofort verkündet wird (Perels und Spilling Seite 213); andernfalls müssen alle Beteiligten besonders geladen werden. Dies gilt insbesondere auch von dem Beschuldigten, der zur Hauptverhandlung trotz ordnungsmäßiger Ladung nicht erschienen ist. —

Nach der Hauptverhandlung ist dem Beschuldigten eine Ausfertigung des Urteils zuzustellen (Artikel 148[5] Satz 4 BG.).

§ 38:

Die Berufung.

I. Gegen das Urteil der Disziplinarkammer steht dem Staatsanwalt und dem Beschuldigten das **Rechtsmittel der Berufung** an den Disziplinarhof offen (Artikel 152[1] BG.).

Die Einführung der Berufung beruht auf der Erwägung, daß der Schwerpunkt der richterlichen Urteilsfällung im Disziplinarverfahren bei dem Mangel gesetzlich begrenzter Tatbestandsbegriffe und bestimmter Strafandrohungen nicht so sehr in der Rechtsfrage, sondern in der Feststellung der tatsächlichen Verhältnisse und der freien Würdigung der größeren oder geringeren Strafbarkeit der Zuwiderhandlung liegt, und daher das Rechtsmittel der Revision, das nur darauf gestützt werden kann, daß das Urteil auf einer Gesetzesverletzung beruht, keinen genügenden Schutz gewähren kann (Motive zum RDG. Seite 594, Pieper Seite 422).

Die Berufung kann sich gegen die tatsächliche oder rechtliche Beurteilung des Falles durch die Disziplinarkammer wenden. Die Berufungsinstanz hat die Entscheidung I. Instanz auch in tatsächlicher Hinsicht nachzuprüfen, sie kann neue Beweise aufnehmen und ist, soweit Berufung eingelegt ist, an die Feststellungen des Erstrichters in keiner Weise gebunden (Brand Seite 177). Dagegen gilt auch im Disziplinarverfahren der Grundsatz, daß das Urteil der I. Instanz nur insoweit der Möglichkeit der Abänderung unterliegt, als es angefochten ist. Hat also nur der Beschuldigte oder der Staatsanwalt zu gunsten des Beschuldigten Berufung eingelegt, so kann das Urteil nicht zum Nachteil des Beschuldigten abgeändert werden — Verbot einer reformatio in peius (Artikel 152 ^{4} BG.). Es kann also keine härtere Strafe als die in dem angefochtenen Urteil ausgesprochene verhängt werden, dagegen kann der Disziplinarhof sehr wohl eine vom Erstrichter für nicht erwiesen erachtete Tatsache für erwiesen annehmen und eine erwiesene Tatsache ungünstiger als der Erstrichter beurteilen (Perels und Spilling Seite 217). Eine Ausnahme von dem Prinzip greift jedoch dann Platz, wenn der Staatsanwalt zu Ungunsten des Beschuldigten Berufung eingelegt hat; in diesem Fall kann das angefochtene Urteil auch zugunsten des Beschuldigten abgeändert oder aufgehoben werden (Artikel 152 ^{3} BG.).

Wie erwähnt, kann der Staatsanwalt auch zugunsten des Beschuldigten Berufung einlegen (Artikel 152 ^{4} BG.) und sie nur mit Einwilligung des Beschuldigten zurücknehmen (Artikel 152 ^{5} BG.). Dies entspringt aus der Auffassung der Staatsanwaltschaft als einer Behörde, die nicht nur das Interesse des Staates an der Bestrafung der Dienstvergehen betätigen, sondern auch über die richtige Anwendung des Rechtes als „Wächterin des Gesetzes" wachen soll. Auf dem entgegengesetzten Standpunkt steht das Reichsrecht (vgl. Kanngießer Seite 209).

Artikel 152 ^{2} BG. spricht den eigentlich selbstverständlichen Satz aus, daß neue Tatsachen, welche die Grundlage einer anderen Beschuldigung bilden, in der Berufungsinstanz nicht vorgebracht werden dürfen.

II. Berufungseinlegung. Die Frist für die Einlegung der Berufung beträgt zwei Wochen. Diese Frist beginnt für den Staatsanwalt mit der Verkündung des Urteils, für den Beschuldigten mit dem Tag, an dem ihm die Ausfertigung des Urteils zugestellt worden ist (Artikel 153 ^{2} BG.); zu beachten ist, daß bei Berechnung dieser Fristen der Tag der Verkündung nicht mit einzurechnen ist, wohl aber der Tag der Zustellung.

Ein Gesuch um Wiedereinsetzung in den vorigen Stand gegen die Versäumung des Hauptverhandlungstermins (Artikel 150 BG.) hat auf den Lauf der Berufungsfrist keinen Einfluß; diese ist daher nur dann gewahrt, wenn die Berufung für den Fall der Verwerfung jenes Gesuchs innerhalb der Berufungsfrist eingelegt wird. Ist dies geschehen, so darf erst nach Erledigung des Gesuchs um Wiedereinsetzung eine Verfügung in bezug auf die Berufung ergehen. Wird Berufung eingelegt, ohne daß damit ein Gesuch um Wiedereinsetzung verbunden wird, so gilt dies als Verzicht auf die Wiedereinsetzung (Artikel 153 ^{3} BG., § 356 StPO.).

Hat ein Teil Berufung eingelegt und ist für den anderen Teil inzwischen die Berufungsfrist abgelaufen, so kann dieser sich der Berufung des Gegners nicht mehr anschließen (Brand Seite 177).

Die Berufung muß bei der I. Instanz schriftlich oder zu Protokoll des Gerichtsschreibers eingelegt werden, demnach kann die Einlegung beim Disziplinarhof die Frist nur dann wahren, wenn der Berufungsschriftsatz innerhalb der Berufungsfrist an die

Disziplinarkammer gelangt. Selbstverständlich ist es Anstandspflicht des Disziplinarhofs, die Berufungseinlegung unverzüglich an die zuständige Disziplinarkammer weiterzugeben.

Die Berufung kann für den Beschuldigten auch durch einen mit schriftlicher Vollmacht versehenen Bevollmächtigten angemeldet werden (Artikel 153[1] BG.); hieraus ergibt sich, daß der Verteidiger als solcher zur Einlegung der Berufung nicht legitimiert ist; will er Berufung einlegen, so muß er eine Spezialvollmacht vorlegen (Motive zum RDG. Seite 594; anderer Ansicht für das Reichsrecht Perels und Spilling Seite 219).

Es ist nicht nötig, daß bei der Berufungseinlegung daß Wort „Berufung" gebraucht wird; es muß sich nur aus dem Zusammenhang ergeben, daß gegen das Urteil der Disziplinarkammer die Entscheidung der höheren Instanz angerufen wird (Brand Seite 178).

Ist die Berufung rechtzeitig eingelegt, so wird dadurch die Rechtskraft des Urteils, soweit es angefochten ist, gehemmt (Artikel 154 BG.). Wird die eingelegte Berufung zurückgenommen, so wird dadurch das Urteil, falls nicht auch vom Gegner Berufung eingelegt ist, rechtskräftig, gleichgültig, ob die Berufungsfrist abgelaufen ist oder nicht (Perels und Spilling Seite 219); ein Irrtum im Beweggrund der Zurücknahme ist ohne Belang (Reichsdisziplinarhof 5. November 1883, JNr. 8 bei Perels und Spilling Seite 220). Hieraus ergibt sich, daß eine bereits zurückgezogene Berufung nicht neuerdings eingelegt werden kann (Brand Seite 179); auch der Verzicht auf die Berufung ist unwiderruflich (Pieper Seite 427).

Stirbt der Beschuldigte während des Laufes der Berufungsfrist, so kann das Urteil I. Instanz die Rechtskraft nicht beschreiten, weil gegen den Toten die Berufungsfrist nicht zu Ende laufen kann. Hat er vor seinem Tod Berufung eingelegt, so kann nach seinem Tod natürlich keine Verhandlung mehr stattfinden. In beiden Fällen äußert sonach das Urteil I. Instanz keine rechtliche Wirkung, es gilt als nicht ergangen (Brand Seite 178, Perels und Spilling Seite 218); dies ist unter Umständen für die Hinterbliebenenversorgung von der größten Bedeutung.

III. Berufungsrechtfertigung. Der Berufungsführer kann die Berufung schriftlich rechtfertigen; notwendig ist die Berufungsrechtfertigung jedoch nicht (Motive zum RDG. Seite 594). Die Berufung kann auch auf neue Tatsachen und Beweise gestützt werden (l. c.). Der Berufungsführer kann die Berufung in der Rechtfertigungsschrift auf bestimmte Beschwerdepunkte beschränken; ist dies nicht geschehen oder eine Rechtfertigungsschrift nicht eingelaufen, so gilt der ganze Inhalt des Urteils als angefochten (Artikel 155[2] BG.). Die Erklärungen in der Rechtfertigungsschrift, daß die Berufung auf bestimmte Beschwerdepunkte beschränkt wird, ist bindend; im übrigen beschränkt die Rechtfertigungsschrift in keiner Weise die Ausführungen in der mündlichen Verhandlung (Pieper Seite 427). Die Rechtfertigungsschrift hat daher im allgemeinen nur informatorische Bedeutung für den Gegner.

Für die schriftliche Rechtfertigung der Berufung ist eine Frist von zwei Wochen, gerechnet von dem Ablauf der Anmeldefrist (nicht etwa von der Berufungseinlegung) an, gesetzt (Artikel 155 BG.). Diese Frist kann auf Antrag von dem Präsidenten der Disziplinarkammer innerhalb der Frist verlängert werden (Artikel 157 BG.). Sie ist jedoch keine Präklusivfrist in dem Sinn, daß der Disziplinarhof nicht berechtigt wäre, eine nach ihrem Ablauf eingegangene Rechtfertigung der rechtzeitig eingelegten Berufung dem Gegner mitzuteilen und ihren Inhalt bei der Entscheidung zu berücksichtigen (Perels und Spilling Seite 220).

IV. Verständigung des Gegners. Die Anmeldung der Berufung und die etwa eingelaufene Rechtfertigungsschrift werden dem Gegner von der Disziplinarkammer zugestellt (Artikel 156[1] BG.). Ist der Gegner der Beschuldigte, so erfolgt die Zustellung in der Weise, daß ihm je eine beglaubigte Abschrift der Berufungseinlegung und der Rechtfertigungsschrift zugestellt wird (Artikel 156¹ BG.). Ist der Gegner der Staatsanwalt, so erfolgt die Zustellung durch Vorlegung der Urschrift der Berufungseinlegung und der Rechtfertigungsschrift. Auf der Urschrift muß der Staatsanwalt, da mit der Zustellung die Frist für die Beantwortung (siehe unten) zu laufen beginnt, den Tag der Vorlegung vermerken (Artikel 156¹, 132⁶ BG., § 41 StPO.). Haben sowohl Staatsanwalt als Beschuldigter Berufung eingelegt, so sind beiden Teilen die gegnerischen Einlegungs- und Rechtfertigungsschriften in der angegebenen Weise zuzustellen.

V. Berufungsbeantwortung. Der Berufungsgegner kann innerhalb zwei Wochen nach Zustellung eine Beantwortungsschrift einreichen (Artikel 156² BG.). In diese Frist wird der Tag der Zustellung nicht mit eingerechnet (Artikel 130 BG., § 42 StPO.). Diese Frist kann auf Antrag vor ihrem Ablauf von dem Präsidenten der Disziplinarkammer verlängert werden (Artikel 157 BG.).

VI. Vorlegung der Akten. Nach Ablauf der voraufgeführten Fristen werden die Akten dem Disziplinarhof übersandt (Artikel 158¹ BG.). Der Disziplinarhof, nicht die Disziplinarkammer, entscheidet auch, wenn die Berufung verspätet eingelegt worden ist. Eine dem § 360¹ StPO. analoge Vorschrift enthält das BG. nicht; sonach besteht eine Zuständigkeit der Disziplinarkammer zur Zurückweisung einer verspätet eingelegten Berufung nicht (ebenso Pieper Seite 426; a. A. Perels und Spilling Seite 223, welche ihre Ansicht daher ableiten, daß sie sagen, die Disziplinarkammer müsse nur dann die Akten einsenden, wenn Berufung eingelegt sei, also auch nur dann, wenn rechtzeitig Berufung eingelegt sei; sei sie nicht rechtzeitig eingelegt, so weise sie die Disziplinarkammer durch Beschluß zurück, der mit Beschwerde anfechtbar sei).

VII. Vorbereitung der Berufungsverhandlung. Der Präsident des Disziplinarhofs kann zunächst die zur Aufklärung der Sache etwa erforderlichen Verfügungen erlassen, z. B. dem Beschuldigten die Vorlage von Schriftstücken usw. auferlegen. Sodann hat er den Termin zur Berufungsverhandlung zu bestimmen. Der Termin ist dem Staatsanwalt bekanntzugeben; der Angeklagte ist zu diesem Termin mit der Warnung zu laden, daß im Falle seines Ausbleibens gleichwohl verhandelt werde (Artikel 158² ,142² BG.). Zwischen der Zustellung der Ladung und der Berufungsverhandlung muß eine Frist von mindestens einer Woche liegen. Ist diese Frist nicht eingehalten worden, so kann der Beschuldigte die Aussetzung der Berufungsverhandlung verlangen, solange in dieser nicht mit der Berichterstattung begonnen ist (Artikel 158³, 142³ BG.). Vor der Verhandlung muß der Präsident auch noch einen Berichterstatter aus der Zahl der in diesem Fall erkennenden Disziplinarrichter ernennen (ergibt sich aus Artikel 159⁴ BG.). Hinsichtlich der Ladung der Zeugen und Sachverständigen, ferner der von der Verhandlung gestellten Anträge des Staatsanwalts, Beschuldigten oder Verteidigers auf Ladung von Zeugen und Sachverständigen, der hierauf ergehenden Verfügungen und der unmittelbaren Ladung gelten dieselben Vorschriften wie in der ersten Instanz mit der Maßgabe, daß an die Stelle des Präsidenten der Disziplinarkammer der Präsident des Disziplinarhofs tritt (Artikel 158⁶ BG.). Der Staatsanwalt muß der antragstellenden Behörde den Verhandlungstermin mitteilen (§ 20 der Bekanntmachung vom 22. Okt. 1909, GVBl. S. 737).

VIII. Berufungsverhandlung. Hinsichtlich des persönlichen Erscheinens und der Vertretung des Beschuldigten gelten dieselben Vorschriften wie in der I. Instanz (Artikel 143¹, ², 158⁶ BG.).

Die Berufungsverhandlung beginnt mit dem Aufruf der Sache und der Feststellung der Personalien des Beschuldigten. Alsdann gibt der Berichterstatter eine Darstellung der bis dahin stattgefundenen, auf die Anschuldigungspunkte bezüglichen Verhandlungen (Artikel 158⁴ BG.). Hiebei werden insbesondere zu verlesen sein der Strafantrag, das Protokoll I. Instanz mit Ausnahme der Aussagen der Zeugen und Sachverständigen, das Urteil I. Instanz, die Berufungseinlegung, -Rechtfertigung und -Beantwortung. Nach Schluß der Berichterstattung wird der Beschuldigte zur Sache vernommen. Unter den gleichen Voraussetzungen wie in I. Instanz beschließt der Disziplinarhof, daß eine Beweiserhebung nicht stattfindet (Artikel 144^2, 158^6 BG.); andernfalls gibt der Berichterstatter auf Grund der bisherigen Erhebungen eine Darstellung der Beweisaufnahme, soweit sie sich auf die von der Berufung betroffenen Anschuldigungspunkte bezieht und nicht durch unmittelbare Beweisaufnahme in der Sitzung ersetzt wird (Artikel 144^3, 158^6 BG.). Hiefür, für die Verlesung von Urkunden und Protokollen und für die Anordnung kommissarischer Vernehmungen bestehen dieselben Vorschriften wie in der I. Instanz (Artikel 144^4, 145—147, 158^6 BG.).

Zum Schluß der Verhandlung werden der Staatsanwalt, der Verteidiger und der Beschuldigte mit ihren Ausführungen und Anträgen gehört; der Beschwerdeführer spricht zuerst. Haben Staatsanwalt und Beschuldigter Berufung eingelegt, so kommt der Staatsanwalt zuerst an die Reihe (Motive zum RDG. Seite 594). Dem Beschuldigten gebührt das letzte Wort (Artikel 158^5 BG.).

Auf Grund der Berufungsverhandlung entscheidet der Disziplinarhof nach seinem freien, aus dem Inbegriff der Verhandlung geschöpften Ermessen (Artikel 148^1, 158^6 BG.), das nur in der sub I angegebenen Richtung beschränkt ist.

Das Urteil des Disziplinarhofs kann lauten:

1. Auf Zurückweisung der Berufung, wenn wegen verspäteter Einlegung usw. in die materielle Prüfung nicht einzutreten ist;
2. auf Verwerfung der Berufung, wenn sie sich materiell als nicht gerechtfertigt erweist;
3. auf Aufhebung des Urteils I. Instanz und Freisprechung;
4. auf Aufhebung des Urteils und Zurückverweisung an die I. Instanz zur anderweitigen Verhandlung und Entscheidung; diese hat dann zu erfolgen, wenn das Verfahren I. Instanz an Nichtigkeit leidet, z. B. der Beschuldigte infolge unrichtiger Ladung ungehört verurteilt wurde; diese Möglichkeit ist gesetzlich nicht ausdrücklich vorgesehen, muß aber aus Billigkeitsgründen Platz greifen, wenn der Beschuldigte nicht eine Instanz verlieren soll (Kanngießer Seite 211, Thudichum Seite 326, Pieper Seite 431, Perels und Spilling Seite 224, Reichsdisziplinarhof vom 10. Febr. 1881 J.Nummer 16 und 13. Juli 1881 J.Nummer 86, beide bei Perels und Spilling a. a. O.);
5. auf Aufhebung des freisprechenden Urteils I. Instanz und Verurteilung zu einer Ordnungs- oder Disziplinarstrafe;
6. auf Aufhebung des Urteils I. Instanz im Strafausspruch und andere Verurteilung;
7. auf Aufhebung des Urteils I. Instanz und Einstellung des Verfahrens,
   a) wenn sich erst in der Berufungsverhandlung ergibt, daß die Tat verjährt ist;
   b) wenn in der I. Instanz rechtzeitig der Strafantrag zurückgezogen, trotzdem aber verurteilt wurde.

Für die Verkündung des Urteils und die Führung des Sitzungsprotokolls gelten dieselben Bestimmungen wie in der I. Instanz.

IX. Gegen das Berufungsurteil kann unter denselben Voraussetzungen wie in I. Instanz **Wiedereinsetzung in den vorigen Stand** nachgesucht werden (Artikel 150, 158^6 BG.).

X. Ist die **Berufung gegenstandslos,** hat z. B. ein freigesprochener Beschuldigter Berufung eingelegt, so bedarf es keiner Berufungsverhandlung, sondern die Berufung ist in diesem Fall durch Beschluß des Disziplinarhofs ohne vorgängige mündliche Verhandlung zurückzuweisen (Reichsdisziplinarhof vom 5. Juli 1886 J. Nummer 16 bei Perels und Spilling Seite 223).

§ 39.

Die Beschwerde.

Beschwerdeberechtigt ist nur, wer durch eine Entscheidung „beschwert“ ist. Unter dieser Voraussetzung sind, soweit nichts anderes ausdrücklich bestimmt ist, zur Einlegung der Beschwerde befugt der Staatsanwalt, der Beschuldigte, der Verteidiger oder Vertreter, Zeugen, Sachverständige und andere Personen, die durch Entscheidungen betroffen werden. Gegen Entscheidungen der Disziplinarkammer, die der Urteilsfällung vorausgehen, können jedoch weder der Staatsanwalt noch der Beschuldigte Beschwerde einlegen.

Beschwerde ist zulässig:

a) gegen alle Beschlüsse der Disziplinarkammer, Verfügungen des Präsidenten der Disziplinarkammer, Beschlüsse oder Verfügungen des Untersuchungsbeamten oder des beauftragten oder ersuchten Richters oder Beamten, die auf Grund Artikel 130, 131^2, 135, 139^2, 143^4, 148^6, 153^3, 159, 160^3 BG. ergehen, soweit nicht bei Besprechung dieser Entscheidungen der Ausschluß der Beschwerde ausdrücklich hervorgehoben wurde;

b) im Falle des Artikel 140 BG. mit Beschränkung auf die Staatsanwaltschaft der Disziplinarkammer.

In allen anderen Fällen, also namentlich in den Fällen des Artikel 128^5 BG. und des Artikel 130 BG. mit § 46^2 StPO., sowie gegen alle Beschlüsse und Verfügungen des Disziplinarhofs ist Beschwerde nicht zulässig.

Wie im Kriminalprozeß gibt es zwei Arten von Beschwerden; einfache und sofortige Beschwerde. Die Fälle der sofortigen Beschwerde sind: Artikel 130 BG. mit § 46^3 StPO., Artikel 140 BG., Artikel 161 BG., Artikel 159 BG. mit § 412 StPO. Alle anderen Fälle sind Fälle der einfachen Beschwerde.

I. Einfache Beschwerde. Die Beschwerde ist bei der Disziplinarkammer, von der oder von deren Vorsitzendem die angefochtene Entscheidung erlassen ist, zu Protokoll des Gerichtsschreibers oder schriftlich einzulegen; in dringenden Fällen kann sie auch bei dem Beschwerdegericht eingelegt werden (§ 348^1 StPO.). Ein Irrtum in der Bezeichnung dieses Rechtsmittels ist unschädlich (§ 342 StPO.).

Auch bei der Beschwerde gilt der Grundsatz, daß eine Entscheidung nur insoweit aufgehoben oder abgeändert werden kann, als sie angefochten ist; hat die Staatsanwaltschaft Beschwerde eingelegt, so kann die Entscheidung auch zu Gunsten des Beschuldigten geändert oder aufgehoben werden (§ 343 StPO.).

Das Disziplinargericht usw., dessen Entscheidung angefochten wird, hat zunächst zu prüfen, ob die Beschwerde begründet ist; im Falle diese Frage zu bejahen ist, ist die angefochtene Entscheidung entsprechend dem Beschwerdepetitum aufzuheben oder abzuändern; wird dagegen die Beschwerde nicht für begründet erachtet, so ist die Beschwerde sofort, spätestens vor Ablauf von 3 Tagen dem Beschwerdegericht vorzulegen (§ 348^2 StPO.).

Beschwerdegericht ist die Disziplinarkammer, falls eine Entscheidung des Untersuchungsbeamten oder des vom Untersuchungsbeamten oder der Disziplinarkammer in I. Instanz ersuchten oder beauftragten Richters oder Beamten angefochten wird, in allen anderen Fällen der Disziplinarhof.

Durch die Einlegung der Beschwerde wird der Vollzug der angefochtenen Entscheidung nicht gehemmt (§ 349^1 StPO.); lediglich im Falle der §§ 180, 182 GVG., Artikel 143^4 BG. kommt der Beschwerde aufschiebende Wirkung zu (§ 183^2 GVG., Artikel 143^4 BG.). Aber auch sonst kann von der ersten oder der Beschwerdeinstanz der Vollzug der angefochtenen Entscheidung ausgesetzt werden (§ 349^2 StPO.).

Die Zurücknahme der Beschwerde und der Verzicht auf sie kann jederzeit wirksam erklärt werden; eine zu Gunsten des Beschuldigten eingelegte Beschwerde kann die Staatsanwaltschaft nur mit seiner Zustimmung zurückziehen (§ 344^{1} StPO.). Der Verteidiger bedarf zur Einlegung und Zurücknahme der Beschwerde einer Spezialvollmacht (§ 344^{2} StPO.).

Das Beschwerdegericht kann dem Gegner die Beschwerde zur schriftlichen Gegenerklärung mitteilen, etwa erforderliche Ermittelungen anordnen oder selbst vornehmen (§ 350 StPO.), auch die Staatsanwaltschaft hören (§ 351^{1} StPO.).

Die Entscheidung erfolgt ohne mündliche Verhandlung in der Form des Beschlusses (§ 351^{1} StPO.); die Beschwerde kann zurückgewiesen oder verworfen, die angefochtene Enscheidung aufgehoben oder abgeändert werden; wird der Beschwerde stattgegeben, so muß sogleich in der Sache selbst entschieden werden (§ 351^{2} StPO.).

II. Sofortige Beschwerde. Für die Fälle der sofortigen Beschwerde gelten die Vorschriften unter I mit folgenden Ausnahmen:

a) Die Beschwerde ist binnen einer Frist von einer Woche, gerechnet von der Verkündung beziehungsweise Zustellung der Entscheidung an einzulegen. Die Einlegung bei dem Beschwerdegericht genügt zur Wahrung der Frist, auch wenn der Fall nicht für dringlich erachtet wird (§ 353^{2} StPO.).

b) Die angefochtene Entscheidung darf von dem, der sie erlassen hat, nicht geändert werden (§ 353^{3} StPO.).

§ 40.

Die Vollstreckung der Dienststrafen.

Die Vollstreckung der im Disziplinarverfahren erkannten Strafen ist Aufgabe der Verwaltungsbehörden, nicht der Disziplinargerichte (Artikel 163^{1} BG.).

Die Disziplinargerichte haben in allen Fällen einer rechtskräftigen Verurteilung dem zuständigen Ministerium oder der anderen Behörde, die die Einleitung des Disziplinarverfahrens beantragt hat, eine vom Gerichtsschreiber des Disziplinargerichts mit der Bescheinigung des Vollstreckbarkeit versehene, beglaubigte Abschrift der Urteilsformel zu übermitteln.

Lautet das Urteil auf Dienstentlassung, so ist diese mit der Erlangung der Rechtskraft des Urteils schon kraft Gesetzes eingetreten; die Dienstbehörde wird daher lediglich die Bekanntmachung der erfolgten Dienstentlassung verfügen.

Handelt es sich um Strafversetzung, so hat die Dienstbehörde das neue Amt und den Zeitpunkt der Versetzung zu bestimmen.

Geldstrafen, mögen sie selbständig oder neben Strafversetzung erkannt worden sein, werden, soweit tunlich, gegen die Ansprüche auf Gehalt oder Pension aufgerechnet (Artikel 163^{2} BG., Artikel 12^{1} AGzBGB.). Ist dies nicht tunlich und erfolgt die Bezahlung nicht freiwillig innerhalb einer zu bestimmenden angemessenen Frist, so finden die Vorschriften der Zivilprozeßordnung über die Zwangsvollstreckung wegen Geldforderungen Anwendung; die Zustellung einer beglaubigten Abschrift der Urteilsformel ist jedoch nicht nötig. Die Dienstbehörde kann die Zwangsvollstreckung sowohl durch die ihr etwa zu Gebote stehenden besonderen Vollzugsorgane als auch durch Gerichtsvollzieher bewirken lassen (Artikel 163^{2} BG., Artikel 7^{1} AG.zZPO. und KO.). Die Umwandlung einer nicht beitreibbaren Geldstrafe in eine Freiheitsstrafe ist nicht gestattet (Artikel 163^{4} BG.).

Die Vollstreckung des Verweises erfolgt dadurch, daß der Beamte von seiner vorgesetzten Dienstbehörde vorgeladen und ihm mündlich zu Protokoll der Verweis erteilt wird oder dadurch, daß ihm der Verweis schriftlich erteilt wird.

Die Staatsregierung ist befugt, nähere Vorschriften über die Vollstreckung der Dienststrafen zu erlassen (Artikel 163^{3} BG.); diese sind in § 19 der Bekanntmachung vom 22. Oktober 1909 (GVBl. Seite 737) enthalten.

§ 41.

Die Wiederaufnahme des Verfahrens.

Man unterscheidet im Disziplinarrecht zwei Arten von Wiederaufnahme des Verfahrens.

I. Ist der Beschuldigte durch Beschluß der Disziplinarkammer außer Verfolgung gesetzt oder ist die Einstellung des Verfahrens beschlossen worden, weil zwar ein Dienstvergehen vorliegt, die Verurteilung zur Strafversetzung oder Dienstentlassung aber nicht zu erwarten ist (Artikel 138^1, ^{2} BG.), so kann das Disziplinarverfahren nur auf Grund neuer Tatsachen oder Beweismittel wieder aufgenommen werden (Artikel 141^1 BG.). Diese Bestimmung ist gerechtfertigt, weil sonst der Beamte während seiner ganzen dienstlichen Tätigkeit fürchten müßte, wegen derselben Handlung immer wieder aufs neue verfolgt zu werden (Kanngießer Seite 197). Ist eine Ordnungsstrafe verhängt, so ist wegen dieses Dienstvergehens die Wiederaufnahme des eingestellten Verfahrens überhaupt ausgeschlossen (Artikel 141^2 BG.). Insoweit hat also die Verhängung einer Ordnungsstrafe durch die vorgesetzte Dienstbehörde die Natur eines rechtskräftigen Erkenntnisses (Kanngießer Seite 198).

Soll die Wiederaufnahme erfolgen, so muß zunächst das Ministerium oder die sonst zuständige Stelle dies beantragen, worauf durch Beschluß der Disziplinarkammer (nicht durch Verfügung des Präsidenten) ausgesprochen wird, daß das Verfahren wieder aufzunehmen sei (Artikel 141^1 Satz 2 BG.).

II. Die Wiederaufnahme des Verfahrens im engeren und technischen Sinn setzt ein rechtskräftiges Disziplinarurteil voraus. Die Wiederaufnahme eines durch rechtskräftiges Urteil geschlossenen Disziplinarverfahrens findet statt:

a) zu Gunsten des Verurteilten:

1. wenn eine in der Hauptverhandlung zu seinen Ungunsten als echt vorgebrachte Urkunde fälschlich angefertigt oder verfälscht war (§ 399 Ziffer 1 StPO., Artikel 159 BG.);
2. wenn durch Beeidigung eines zu seinen Ungunsten abgelegten Zeugnisses oder erstatteten Gutachtens der Zeuge oder Sachverständige sich einer vorsätzlichen oder fahrlässigen Verletzung der Eidespflicht schuldig gemacht hat (§ 399 Ziffer 2 StPO., Artikel 159 BG.);
3. wenn bei dem Urteil ein Disziplinarrichter mitgewirkt hat, der sich in Beziehung auf die Sache einer Verletzung seiner Amtspflichten schuldig gemacht hat, soferne diese Verletzung mit einer im Wege des gerichtlichen Strafverfahrens zu verhängenden öffentlichen Strafe bedroht und nicht vom Verurteilten selbst veranlaßt ist (§ 399 Ziffer 3 StPO., Artikel 159 BG.);
4. wenn ein zivilgerichtliches Urteil, auf das das Disziplinarurteil sich stützt, durch ein anderes rechtskräftig gewordenes Urteil aufgehoben worden ist (§ 399 Ziffer 4 StPO., Artikel 159 BG.);
5. wenn neue Tatsachen oder Beweismittel beigebracht sind, die allein oder in Verbindung mit den früher erhobenen Beweisen die Freisprechung des Beschuldigten oder eine geringere Bestrafung zu begründen geeignet sind, falls der Verurteilte diese Tatsachen oder Beweismittel in dem früheren Verfahren einschließlich der Berufungsinstanz nicht gekannt hatte oder ohne Verschulden nicht geltend machen konnte (§ 399 Ziffer 5 StPO., Artikel 159 BG.);

b) zu Ungunsten des Beschuldigten:

1. und 2. in denselben Fällen wie a 1 und 2, falls diese Beweismittel zu Gunsten des Verurteilten erhoben wurden (§ 402 Ziffer 1, 2 StPO., Artikel 159 BG.);

3. im Falle a 3 (§ 402 Ziffer 3 StPO., Artikel 159 BG.);
4. wenn von dem freigesprochenen Beschuldigten vor Gericht oder außergerichtlich ein glaubwürdiges Geständnis des Disziplinarvergehens abgelegt wird (§ 402 Ziffer 4 StPO., Artikel 159 BG.). —

Ein Antrag auf Wiederaufnahme des Verfahrens, der auf die Behauptung einer strafbaren Handlung gegründet werden soll, ist nur dann zulässig, wenn wegen dieser Handlung eine rechtskräftige Verurteilung ergangen ist oder wenn die Einleitung oder Durchführung eines Strafverfahrens aus anderen Gründen als wegen Mangels an Beweis nicht erfolgen kann (§ 404 StPO., Artikel 159 BG.).

Der Antrag auf Wiederaufnahme des Verfahrens zu Ungunsten des Verurteilten ist ausgeschlossen, wenn dieser entweder in der Zwischenzeit verstorben ist oder unter Verzicht auf alle Rechte um Entlassung aus dem Staatsdienst nachgesucht hat; letzteres ergibt sich aus Artikel 114 BG., welcher von der Erwägung ausgeht, daß für ein Disziplinarverfahren kein Platz mehr ist, wenn der Beamte durch sein Ausscheiden aus dem Dienst gewissermaßen selbst die schwerste Dienststrafe über sich verhängt.

Der Antrag auf Wiederaufnahme des Verfahrens zu Gunsten des Verurteilten wird weder durch den Tod des Verurteilten, noch durch die Strafvollstreckung (§ 401 [1] StPO., Artikel 159 BG.), noch durch das freiwillige Ausscheiden aus dem Dienst, noch durch Verwirkung der Unwiderruflichkeit (bei weiblichen Beamten) ausgeschlossen.

Berechtigt zur Stellung des Antrags auf Wiederaufnahme des Verfahrens ist:
1. der Staatsanwalt und zwar sowohl zu Gunsten als zu Ungunsten des Verurteilten (§§ 338 [1], [2], 405 StPO., Artikel 159 BG.),
2. der Beschuldigte (§§ 338 [1], 405 StPO., Artikel 159 BG.),
3. der Verteidiger (§§ 339, 405 StPO., Artikel 159 BG.), jedoch nur gegen Vorlage einer Spezialvollmacht,
4. der Vormund eines wegen Geisteskrankheit entmündigten oder unter vorläufige Vormundschaft gestellten und der Pfleger eines unter Pflegschaft gestellten Beamten (§§ 340 [1], 405 StPO., Artikel 159 BG.); die Eltern nur dann, wenn sie Vormünder oder Pfleger ihres Sohnes oder ihrer Tochter sind;
5. der Ehemann des verurteilten weiblichen Beamten (§§ 340 [1], 405 StPO., Artikel 159 BG.), falls sich der weibliche Beamte erst nach der Verurteilung verheiratet hat;
6. der Ehegatte, die Verwandten auf- und absteigender Linie und die Geschwister des inzwischen verstorbenen Verurteilten (§ 401 [2] StPO., Artikel 159 BG.). —

Der Antrag muß den gesetzlichen Grund der Wiederaufnahme und die Beweismittel bezeichnen (§ 406 [1] StPO., Artikel 159 BG.) und ist schriftlich oder zu Protokoll des Gerichtsschreibers des Disziplinargerichts, das das letzte rechtskräftige Urteil in dieser Sache gefällt hat, anzubringen. Von der analogen Anwendung des § 406 [2] StPO. ist abzusehen, da das Disziplinarverfahren weder das Institut des Anwaltszwangs noch des Armenrechtes noch der Offizialverteidigung kennt. Ein Irrtum in der Bezeichnung des Antrags ist unschädlich (§§ 342, 405 StPO., Artikel 159 BG.).

Der Antrag kann zurückgenommen werden; hat aber der Staatsanwalt die Wiederaufnahme zugunsten des Verurteilten beantragt, so kann er den Antrag ohne Zustimmung des Verurteilten nicht zurückziehen (§§ 344 [1], 405 StPO., Artikel 159 BG.); auch der Verteidiger bedarf hiezu des Nachweises einer besonderen Ermächtigung (vgl. §§ 344 [2], 405 StPO., Artikel 159 BG.). Ist der Antrag von der Staatsanwaltschaft gestellt, so kann die Wiederaufnahme, falls sie zulässig ist, stets auch zugunsten des Verurteilten erfolgen (§§ 343, 405 StPO., Artikel 159 BG.). Durch den Antrag wird die Vollstreckung des Urteils nicht gehemmt; das Disziplinargericht kann jedoch einen Aufschub der Vollstreckung anordnen (§ 400 StPO., Artikel 159 BG.).

Das Verfahren zerfällt in drei Abschnitte.

I. Entscheidung über die Zulässigkeit des Antrags.

In diesem Stadium ist zu prüfen, ob der Antrag von einem Antragsberechtigten und in der vorgeschriebenen Form angebracht ist, ob ein gesetzlicher Grund der Wiederaufnahme geltend gemacht ist und geeignete Beweismittel beigebracht sind, sowie, falls der Antrag auf die Behauptung einer strafbaren Handlung gestützt wird, ob hiewegen eine rechtskräftige Verurteilung erfolgt oder die Einleitung oder Durchführung eines Strafverfahrens aus anderen Gründen als wegen Mangels an Beweis unterblieben ist. Ist auch nur eine dieser Fragen zu verneinen, so ist der Antrag durch Beschluß des Disziplinargerichts als unzulässig zu verwerfen (§ 408[1] StPO., Artikel 159 BG.). Müssen dagegen sämtliche Fragen bejaht werden, so ist der Antrag dem Gegner unter Setzung einer Frist zur Erklärungsabgabe zuzustellen (§ 408[2] StPO., Artikel 159 BG.) und nach Eingang dieser Erklärung oder nach fruchtlosem Ablauf der Frist beschließt das Disziplinargericht, falls sich nicht aus der Gegenerklärung die Unzulässigkeit des Antrags ergibt, daß der Antrag auf Wiederaufnahme des Verfahrens zulässig ist.

II. Entscheidung über die Begründung des Antrags.

Das Disziplinargericht wird nun regelmäßig eine Beweisaufnahme anordnen und mit dieser einen Beamten betrauen, der nach denselben Grundsätzen wie der Untersuchungsbeamte auszuwählen und vom Präsidenten des Disziplinargerichts zu ernennen ist. Auf die Beweisaufnahme finden die Regeln über die Voruntersuchung Anwendung. Nach Schluß dieser Quasi-Voruntersuchung faßt das Disziplinargericht ohne mündliche Verhandlung erneut Beschluß; hiebei ist zu prüfen, ob die in dem Antrag angegebenen Tatsachen genügende Bestätigung gefunden haben und, falls die Wiederaufnahme auf eine Urkundenfälschung oder eine Verletzung der Eidespflicht gestützt wird, ob nach Lage der Sache die Annahme möglich ist, daß diese strafbare Handlung auf die Entscheidung Einfluß gehabt hat. Ist eine dieser Fragen zu verneinen, so beschließt das Disziplinargericht, daß der Antrag verworfen wird (§ 410[1] StPO., Artikel 159 BG.); sind dagegen beide Fragen zu bejahen, so lautet der Beschluß, daß das Verfahren wieder aufgenommen und die Hauptverhandlung erneuert wird (§ 410[2] StPO., Artikel 159 BG.).

III. Erneute Hauptverhandlung.

Die neue Hauptverhandlung durchzuführen obliegt ebenso wie die Beschlußfassung ad I und II dem Disziplinargericht, das das letzte rechtskräftige Urteil erlassen hat. Die neue Hauptverhandlung ist nach den Regeln über das Verfahren vor den Disziplinarkammern durchzuführen, auch wenn die Hauptverhandlung vor dem Disziplinarhof stattfindet (Artikel 159 BG.). Was das Urteil im Wiederaufnahmeverfahren betrifft, so ist folgendes hervorzuheben:

a) Ergibt sich die Unschuld des Beamten, so ist das frühere schuldigsprechende Urteil aufzuheben und der Beamte freizusprechen.

b) Ergibt sich, daß gegen den Beamten eine geringere Strafe hätte verhängt werden sollen, während die Schuldfrage richtig entschieden ist, so ist das frühere Urteil lediglich im Strafausspruch aufzuheben und die verwirkte Strafe auszusprechen.

c) Ergibt sich, daß Schuld- und Straffrage richtig entschieden waren, so ist das frühere Urteil aufrecht zu erhalten.

d) Ergibt sich, daß in der Schuld- oder Straffrage oder in beiden Beziehungen eine dem Beamten ungünstigere Entscheidung hätte getroffen werden sollen, so sind zwei Fälle auseinanderzuhalten:

1. Die Wiederaufnahme ist vom Staatsanwalt zu Ungunsten des Beschuldigten beantragt worden; in diesem Falle ist das frühere Urteil, sei es ganz, sei es nur im Strafausspruch aufzuheben und neuerdings zu erkennen.

2. In allen anderen Fällen muß das frühere Urteil aufrecht erhalten werden; auf eine härtere Strafe darf nicht erkannt werden (§ 413^{2} StPO., Artikel 159 BG.).

Es gibt auch ein besonders vereinfachtes Verfahren bei der Wiederaufnahme, das stattfinden m u ß, wenn der Beamte bereits gestorben ist, und in allen anderen Fällen stattfinden k a n n, wenn die Staatsanwaltschaft zustimmt und genügende Beweise für die Unschuld des Beamten bereits vorliegen (§ 411 StPO., Artikel 159 BG.).

Dieses vereinfachte Verfahren besteht darin, daß sogleich nach der Beweisaufnahme (ohne Erneuerungsbeschluß und Hauptverhandlung) die Sachentscheidung getroffen wird. Diese kann im Todesfalle nur in der Freisprechung oder in der Aufrechterhaltung des Urteils, sonst nur in der Freisprechung bestehen (§ 411^{1}, ^{2} StPO., Artikel 159 BG.). Wird freigesprochen, so ist durch den Beschluß das frühere Urteil aufzuheben (§ 411^{3} StPO., Artikel 159 BG.) — ein prozessual seltener Fall.

§ 42.

Entschädigung der im Wiederaufnahmeverfahren freigesprochenen Beamten.

Das Beamtengesetz hat für das Disziplinarverfahren das Institut der Entschädigung der im Wiederaufnahmeverfahren freigesprochenen Personen eingeführt. Dies ist eine Neuerung sowohl gegenüber dem bisherigen Disziplinarrecht für Beamte und Richter als auch gegenüber den Gesetzen des Reichs und der größeren Bundesstaaten mit Ausnahme von Württemberg, das in Artikel 105^{6} BG. vom 28. Juni 1876/1. August 1907 eine ähnliche Entschädigung statuiert.

I. Wer im Wiederaufnahmeverfahren freigesprochen wird, hat einen Rechtsspruch gegen die bayerische Staatskasse auf Entschädigung, der den vollen Ersatz des dem Beamten durch die Strafvollstreckung erwachsenen Vermögensschadens umfaßt (Artikel 160^{1} BG.). Der Anspruch ist jedoch ausgeschlossen, wenn der Beamte die frühere Verurteilung vorsätzlich herbeigeführt oder durch grobe Fahrlässigkeit verschuldet hat, wobei die Versäumung der Einlegung eines Rechtsmittels nicht als Fahrlässigkeit zu erachten ist (§ 1^{3}, ^{4} Gesetz vom 20. Mai 1898, betreffend die Entschädigung der im Wiederaufnahmeverfahren freigesprochenen Personen, RGBl. Seite 345, Artikel 160^{3} BG.). Außer dem Beschuldigten haben auch die Personen, denen gegenüber er kraft Gesetzes unterhaltspflichtig war, insoweit Anspruch auf Entschädigung, als ihnen durch die Strafvollstreckung der Unterhalt entzogen worden ist (§§ 1^{2}, 2^{2} Gesetz vom 20. Mai 1898, Artikel 160^{3} BG.). Zu diesen Personen können gehören der Ehegatte (§ 1360 BGB.), der geschiedene Ehegatte (§§ 1578 ff. BGB.), die Aszendenten und Deszendenten (§§ 1601 ff. BGB.), die Kinder aus nichtigen Ehe (§ 1703 BGB.) und die unehelichen Kinder gegenüber dem Vater (§§ 1708 f. BGB.).

Das in der Wiederaufnahmeinstanz entscheidende Disziplinargericht hat gleichzeitig mit dem Urteil einen Beschluß dahin zu fassen, daß dem Beamten aus der Staatskasse der ihm durch die Strafvollstreckung entstandene Vermögensschaden zu ersetzen ist, eventuell auch, daß den Unterhaltsberechtigten insoweit Ersatz aus der Staatskasse zu leisten ist, als ihnen durch die Strafvollstreckung der Unterhalt entzogen worden ist — natürlich vorausgesetzt, daß der Entschädigungsanspruch überhaupt begründet ist (§ 4 Gesetz vom 20. Mai 1898, Artikel 160^{3} BG.).

II. Wer im Wiederaufnahmeverfahren zwar nicht freigesprochen, aber doch mit einer geringeren Strafe belegt worden ist, hat keinen Rechtsanspruch auf Entschädigung; ebensowenig die Unterhaltsberechtigten. Das im Wiederaufnahmeverfahren erkennende Disziplinargericht kann jedoch bei der Beratung des Urteils einen Beschluß dahin fassen, daß dem Beschuldigten bezw. seinen Unterhaltsberechtigten der unter I erwähnte Ersatz ganz oder teilweise aus der Staatskasse zu leisten ist (§ 4 Gesetz vom 20. Mai 1898, Artikel 160^{2}, ^{3} BG.).

III. Die in I und II erwähnten Beschlüsse dürfen nicht verkündet, sondern müssen durch Zustellung bekannt gemacht werden. Sie unterliegen der Anfechtung durch Rechtsmittel nicht, treten aber ipso iure außer Kraft, wenn das Urteil aufgehoben wird (§ 4² Gesetz vom 20. Mai 1898, Artikel 160³ BG.).

IV. Will jemand auf Grund des die Verpflichtung der Staatskasse zur Entschädigung aussprechenden Beschlusses einen Anspruch geltend machen, so hat er ihn bei Vermeidung des Verlustes innerhalb 3 Monate nach Zustellung des Beschlusses durch Antrag bei der von der Staatsregierung zu bestimmenden Behörde geltend zu machen (§ 5¹ Gesetz vom 20. Mai 1898, Artikel 160³ BG.).

Über diesen Antrag, das heißt über die Höhe der Entschädigung, entscheidet das Ministerium bezw. die von diesem ermächtigte Behörde (Artikel 160³ BG.). Eine Ausfertigung dieser Entscheidung ist dem Antragsteller nach den Vorschriften der Zivilprozeßordnung zuzustellen (§ 5² Satz 1 Gesetz vom 20. Mai 1898, Artikel 160³ BG.).

Gegen die Entscheidung ist die Berufung auf den Rechtsweg zulässig; die Klage ist binnen einer Ausschlußfrist von 3 Monaten nach Zustellung der Entscheidung zu erheben. Für diese Klagen sind die Zivilkammern der Landgerichte ohne Rücksicht auf den Wert des Streitgegenstandes ausschließlich zuständig (§ 5³ Gesetz vom 20. Mai 1898, Artikel 160³ BG.).

Bis zur endgültigen Entscheidung über den Antrag ist der Anspruch weder übertragbar noch der Pfändung unterworfen (§ 5⁴ Gesetz vom 20. Mai 1898, Artikel 160³ BG.).

Hat die Staatskasse Entschädigung geleistet, so gehen bis zur Höhe der geleisteten Entschädigung die Rechte auf den Staat über, die dem Entschädigten gegen Dritte um deswillen zustanden, weil durch deren rechtswidrige Handlungen (Urkundenfälschungen, Meineid, Rechtsbeugung) seine Verurteilung herbeigeführt worden ist (§ 3² Gesetz vom 20. Mai 1898, Artikel 160³ BG.).

Anhang.

§ 43.

Dienststrafrecht für die in den Ruhestand versetzten unwiderruflichen Beamten.

Grundsätzlich findet auf die in den Ruhestand versetzten unwiderruflichen Beamten das Dienststrafrecht für die aktiven unwiderruflichen Beamten Anwendung (Artikel 166¹, 167¹ BG.). Durch die Natur der Sache sind jedoch folgende Abweichungen bedingt:

I. Bezüglich der unter Gewährung von Wartegeld einstweilen in den Ruhestand versetzten unwiderruflichen Beamten. Geldstrafe als Ordnungsstrafe ist bis zum Betrag des einmonatigen Wartegeldes zulässig. An die Stelle der Strafversetzung tritt Minderung des Wartegeldes um höchstens den fünften Teil für die ganze Zeit oder einen Teil des einstweiligen Ruhestandes (Artikel 166¹ BG.). Gegenüber diesen Beamten ist demnach Geldstrafe obwohl als Ordnungs- wie als Disziplinarstrafe zulässig.

II. Bezüglich der zeitig oder dauernd in den Ruhestand versetzten unwiderruflichen Beamten.

a) Handelt es sich um eine Verletzung der Pflicht zur Amtsverschwiegenheit, so ist ein Dienststrafverfahren unbeschränkt zulässig; es kann auf Ordnungs- oder Disziplinarstrafe erkannt werden (Artikel 167² BG.).

b) Im übrigen ist ein Disziplinarverfahren nur wegen solcher in der Dienstesaktivität oder im Ruhestand begangener Handlungen zulässig, die gegenüber einen aktiven Beamten die Dienstentlassung begründen.

Im Falle a) kann auf Disziplinarstrafe (die einzige Disziplinarstrafe besteht im Verlust des Titels, der Dienstabzeichen, des Ruhegehalts und des Anspruchs auf Hinterbliebenenversorgung) oder auf Ordnungsstrafe (Verweis oder Geldstrafe bis zum Betrag des einmonatigen Ruhegehalts), im Falle b) lediglich auf Disziplinarstrafe erkannt werden (Artikel 167², ³ BG.). Wurde Disziplinarstrafe verhängt, so kann dem Beamten oder seinen Hinterbliebenen im Urteil oder nachträglich durch königliche Entschließung ein Unterhaltsbeitrag wie bei aktiven Beamten gewährt werden (Artikel 167³ BG.).

III. Bezüglich der Beamten und in Artikel 25 BG. bezeichneten Staatsdienstaspiranten und sonstigen Personen, deren Dienstverhältnis auf Ansuchen oder ohne Ansuchen gelöst wurde (Artikel 10, 9², 108 Ziffer 2 BG.). Für diese Personen dauert nur die Pflicht zur Amtsverschwiegenheit fort (Artikel 15 BG.). Wird diese Pflicht verletzt, so kann im Disziplinarstrafverfahren eine Ordnungsstrafe, nämlich Geldstrafe bis zu 600 Mark verhängt werden, falls nicht schon auf Grund der allgemeinen Strafgesetze (z. B. § 92 StGB.) eine Bestrafung wegen dieser Pflichtverletzung erfolgt ist; an einer doppelten Bestrafung besteht kein dienstliches Interesse. Die Aburteilung geschieht im Disziplinarverfahren, weil es sich um Personen handelt, deren Verhältnis zum Staat nach allen Richtungen gelöst ist und die aus ihrem früheren Verhältnisse keinerlei Rechte mehr besitzen, so daß eine Bestrafung im Ordnungsstrafverfahren kaum angängig erscheinen würde (Artikel 168 BG; Begründung Seite 217).

In den Fällen I—III ist die Disziplinarkammer zuständig, in deren Bezirk der Beschuldigte seinen letzten Amtsitz hatte, und wenn dieser außerhalb Bayerns sich befand, die Disziplinarkammer in München (Artikel 169 BG.).

Register.

A. Gesetzesregister.

Beamtengesetz vom 16. August 1908.

(Die fettgedruckten Zahlen bedeuten die Artikel, die anderen die Seitenzahlen.)

B. Alphabetisches Register.

(Die Ziffern bedeuten die Seitenzahlen.)

FSC
www.fsc.org
MIX
Papier | Fördert gute Waldnutzung
FSC® C083411

Kolibri 360 GmbH
Ferdinand-Jühlke-Straße 7
99095 Erfurt, Deutschland
produktsicherheit@kolibri360.de